NEW

INDUSTRIAL

POLICY

新产业政策

王喜文 著

新 华 出 版 社

图书在版编目（CIP）数据

新产业政策 / 王喜文著. -- 北京：新华出版社，2017.4
ISBN 978-7-5166-3169-0

Ⅰ.①新… Ⅱ.①王… Ⅲ.①产业政策－研究－中国 Ⅳ.①F121

中国版本图书馆CIP数据核字(2017)第073959号

新产业政策

作　　者：王喜文

选题策划：江文军		责任编辑：江文军	
责任印制：廖成华		责任校对：刘保利	
封面设计：后声文化			

出版发行：新华出版社
地　　址：北京石景山区京原路8号　　　邮　编：100040
网　　址：http://www.xinhuapub.com
经　　销：新华书店、新华出版社天猫旗舰店、京东旗舰店及各大网店
购书热线：010－63077122　　　中国新闻书店购书热线：010－63072012

照　　排：臻美书装
印　　刷：北京凯达印务有限公司
成品尺寸：145mm×210mm　32开
印　　张：7.75　　　　　　　　　字　　数：135千字
版　　次：2017年6月第一版　　　印　　次：2017年6月第一次印刷
书　　号：ISBN　978-7-5166-3169-0
定　　价：42.00元

>> 序

新经济时代需要新产业政策

一

最近，吴敬琏先生对这段时间的产业政策讨论略表失望。他认为，首要的一个问题，是讨论应该要什么样的产业政策，而不是要不要产业政策的问题。还有一个问题，是产业政策和竞争政策两者的关系是什么。

喜文博士的《新产业政策》一书不能不说恰逢其时，可以说，他在书中清晰地回答了吴老提出的问题。本书认为，产业政策的主要目的是使经济多样化，从而产生比较优势的新领域。从事经济学相关工作的都知道，动态研究"政府与市场"的关系，可谓经济学的核心命题之一。严格来讲，产业政策是政府与市场共同作用于经济发展、促进资源配置的手段。推动经济发展，必然需要技术创新和产业升级，既需要企业自身摸索，也需要政府适时推出政策，帮助企业解决难以克服的大环境问题，完善相应的软硬件基础设施等。尤其是在经济转型期，当开放度不高、民间资本力量较弱时，产业政策的作用依然重要。而政府所能动用的资源是有限的，难以面面俱到地影响到所有技术创新和产业升级领域，往往只能策略性地运用有限资源，优先选择一些产业进行扶持。

通常意义上，产业政策主要用于克服资源配置中的市场缺陷，加快产业结构转换，保持和促进幼稚产业的发展，帮助困难产业和衰退产业进行结构重整，创造有利于平等竞争、规范竞争的市场环境和秩序，发挥国家竞争优势，提高本国产业的国际竞争能力、实现生产要素在国内各地区间的均衡配置，使科技进步与产业结构调整互为促进等。而喜文博士在本书中更进一步地指出，产业政策是国家为促进经济发展，由政府对产业内资源配置进行科学、必要、适度和适时的引导和调控，推进产业结构调整和经济发展方式转变的经济政策。

二

产业政策影响和作用的对象是产业经济这一中观层次，如果说宏观政策重在解决总需求与总供给的总量问题，产业政策则重在解决结构问题，对供给侧的引导和调控指向更加明确和具体。产业政策的主要作用是弥补市场失灵，改善和优化资源配置，提高本国产业竞争力。

难能可贵的是，喜文博士用辩证的观点审视了产业政策。在经济的不同发展阶段，随着国际形势的变化，产业政策在各个不同时期发挥了自身作用，其内容与性质也在改变。产业政策需要有不断修正、动态调整的续航能力。随着经济环境的变化，产业政策的重点、手段和实施方式需要不断调整，如此才能使发现和创新过程成为一种常态。

随着资本、土地等资源要素供给的下降，资源与环境的制约，资源要素投入和能耗污染较少的服务业不断蓬勃发展，产业结构不断优化；随着资源要素价格上涨、储蓄率下降，出口和投资增速放缓，消费需求持续较快增长，需求结构不断优化；随着国际经济合作和竞争局面发生深刻变化，全球经济治理体系和规则面临重大调整，开放程度和内外联动性不断加强……

今后，产业政策也必然会随着经济社会环境而持续发展深化。

中国实行的产业政策，很大程度上是借鉴日本、韩国早期的产业政策，也就是政府运用一系列的调控手段，去扶植一些产业，抑制一些产业，以实现资源的最优配置。但是日本、韩国主要用到的产业结构政策，与中国主要用到的产业组织政策还是有区别的。后者本质上就是扶植大企业，提高产业集中度。为此，本书非常注重借鉴日韩等国的先进成熟经验。

从韩国的经验出发，我们可以得到的认识有很重要的两点。首先，产业政策要有新的着力点。其次，产业政策要保证战略的连贯性。这自然是非常重要的。而日本方面更为重要的，是其产业政策一直在变化之中。每个阶段总会根据比较优势要素、比较优势部门的变化而调整。当前，中国经济的比较优势要素、比较优势部门等也在发生明显变化，就更需要深刻镜鉴他山之石。

三

关于产业政策的核心问题的第二个方面，是其与竞争政策的关系。喜文博士和很多专家都认为，最好的产业政策是竞争政策。

长期以来，产业政策在经济发展中发挥了重要作用。竞争政策实际上是维护和促进公平竞争的政策体系的一个总称。随着以《反垄断法》为核心的竞争政策的逐步实施，反垄断执法力度不断加大，有力地维护了市场竞争秩序。但是它们之间的着力点和作用的方式确实存在区别，竞争政策主要是着眼于为市场主体创造公平竞争的市场环境，来激发市场主体的活力和创造力。产业政策实际是着眼于弥补市场缺陷，通过政策引导来促进产业发展。

竞争政策和产业政策同属经济政策范畴，两者在终极政策目标上殊途同归，即优化资源配置，提高产业竞争力。但两者也存在冲突，竞争政策是以确保无形之手的有效作用为直接目的，确保有效竞争的实现；产业政策是国家为实现其经济发展目标而制定，更多关注产业发展，强调政府对经济活动的一种干预，突出"有形之手"的作用，其实施可能在某个地区、领域引起扭曲、限制竞争的后果。如何协调竞争政策与产业政策的关系，已经成为各国政府所面临的经济政策难题。

一项良好的竞争政策的核心要点是：让私人产权和竞争在经济领域发挥主导作用。政府必须在法治框架内运作，应该建立和维持一个公平、公开和公正的竞争秩序。有竞争政策保驾护航的市场，聚集了最高密度的企业家创新活动，也就保证了以最大的概率实现科技创新和经济发展。这是因为，科技创新是随机事件。政府官员和市场主体一样，没有人有充分的信息知道哪个经济主体会成功实现创新。最好的方法，其实就是维持一种竞争秩序，充分培育市场，让市场力量自由竞争，由此最大程度改善创新环境，提高创新活动的密度，增进随机实现创新的概率和频度。

问题的关键，其实是产业政策和竞争政策之间微妙的平衡，应对既有的产业政策进行系统的反思，推动产业政策转型。同时，按照发挥市场在资源配置中的决定性作用和更好发挥政府作用的原则，推进产业政策的改革。

四

中国作为一个处于经济转型之中的发展中国家，市场机制尚不完善，同时又身处现代竞争环境，尤其是加入WTO后面临着国际市场竞争的考验，如何有效地协调竞争政策和产业政策已成为一个无法回避的严峻课题。但多数经济学说都是运用经济分析方法，认识经济现象即"是什么"，抑或是"为什么"而非"怎么办"。对于本书来讲，更加值得尊敬的是，喜文博士不仅深刻分析清楚了产业政策相关问题本质，而且给出了今后怎么办的切实路径。

诚然，产业政策的应用，在于克服资源配置中的市场缺陷，创造有利于平等竞争、规范竞争的市场环境和秩序、发挥国家竞争优势、提高本国产业的国际竞争力。喜文博士提出"新产业政策"，明确指出产业政策还应利用促进变革和促进更高收入的力量，比如竞争、全球化、教育和培训（提高人力资本）等。他特别指出，"系统性产业政策"是一个由愿景拉动、由竞争推动的综合性政策体系，而非与其他政策冲突的孤立的政策。

这个新的产业政策体系，包括竞争政策、能源政策、贸易政策、工业政策、创新政策、教育政策、内部市场、区域政策等，其拉动力包括新的增长路径（超越 GDP 的福利）、社会愿景目标（健康、气候、社会凝聚力）、卓越的特定技术（如能源效率）等，其推进力包括竞争、开放和全球化、培训和再培训的劳动力（灵活性）、竞争优势（由政策支持）、气候变化、老龄化等，如果不能通过政策措施实现目标，则补贴应结束，遵循明确规定。书中进而强调，"新产业政策"应该具有前瞻性，支持竞争和支持长期社会需求（例如"绿色工业政策"）。

除此之外，眼下还有一些比较基本问题，如当前我国工业化和信息化"两化融合"的必要性、紧迫性、艰巨性以及推动深度融合的方向、重点、路径、方法等，不同行业、不同企业之间仍然存在不同认识。对于类似重大情况变化和基本问题，鉴于其意义和影响，都亟待"新产业政策"来引领行业、企业的转型发展。本书大胆建言，无论是学者还是官员，在考虑制定新的产业政策之前，都应该对过去的不成功的做法进行总结和反思，提出一些切实有效的改进办法。

五

"世异则事异，事异则备变。"正如喜文博士在书中指出的：在市场格局的条件下，产业政策也应以市场为导向进行调整，应参照国际、国内两个市场结构的变化，发挥国际、国内两个市场在优化配置经济资源中的基础性作用，提升产业的国际竞争力；特别是当前，经济处于转型升级的关键时期，如果产业政策自身不实现转型，那么旧的产业政策不仅难以有效指导产业的转型升级，还有可能造成新的矛盾和冲突，可能会让业界质疑缺少自由竞争中的公平环境和条件。

在我看来，这种秩序与格局的转换和变化，可以用"新经济"一言以蔽之。基于近 10 年来对新经济的持续观察与研究，笔者总结和提炼了以"三破""三立"为内核的新经济法则（朱敏，2016、2017），并在不同场合、不同时点予以阐释，旨在以此解释并启迪新经济时代的转型与创新。

"三破"，即破介、破界、破诫。这是对当前整个新旧秩序转换中，正在发生的去中心化、跨界创新、规则重构的描述与概括。破介，指互联网的大规模协同和去中心化，打破了传统分工，大大削弱甚至正在消灭许许多多的传统中介。破界，指"互联网＋"连接一切，大数据使资源使用无远弗届，趋于零边际成本，打破组织、行业和国家边界。破诫，指新经济快速迭代与颠覆，人们越发追求个性，崇尚价值共享，一些旧规则和旧诫律开始不足为训。

"三立"，即立志、立智、立制。这是指个体、组织、国家在此转换中，应树立战略布局、智慧整合、制度建设等系统性思维。立志（战略布局），指看清大势，权位战略新目标，脚踏实地，志存高远。立智（智慧整合），指壮大实力，明智参与新趋势；修炼内功，智在必得。立制（制度建设），指持之以恒，改写制定新规则；水滴石穿，制胜之道……

新经济发展离不开新产业政策。作为新经济研究的同道中人，喜文博士嘱我作序时，亦不忘让我在此敝帚自珍一番，使得以上"三破""三立"新经济法则可以再度播扬。是以大胸怀成就大学问，此之谓也。愿与喜文博士以及更多同人携手共研，众行致远。

朱敏，经济学博士，国务院发展研究中心《新经济导刊》执行总编、新经济研究室主任。

>> 前 言

全球范围内，对产业政策的关注再度成为热议话题。其原因主要有两方面。第一，发达国家传统产业纷纷低迷，全球经济呈现整体性长期停滞，使得很多专家开始对市场经济产生质疑；第二，环境、能源、机器人等新产业开始萌芽。因此，业界都期待产业政策发挥重要作用，避免政府监管所造成的发展失误。为此，从政府角度看，应该积极搭建平台，营造创新环境，既要有竞争政策又要有保护政策，才能实现产业的有序发展。

与此同时，正在发生的新工业革命将彻底改变现有的生产方式和产业组织形式，改变国家间的比较优势，进而重塑全球产业竞争力和国际产业分工格局。新工业革命背景下，产业结构调整的路径和进程受到深刻影响，对转型升级构成巨大挑战。相应地，也会为供给侧结构性改革带来重大的机遇与挑战。

制造业大国德国推出"工业4.0"的国家战略之后，得到了全世界的广泛关注，也受到了行业内的热议。德国希望在"工业4.0"中在生产制造的各个环节应用信息技术，将信息技术与物理现实社会之间的联系可视化，将生产工艺与管理流程全面融合。由此，通过智能制造，生产出智能产品，形成智能工厂。"工业4.0"在德国被认为是继机械化（第一次）、电气化（第二次）、自动化（第三次）之后的以"智能化"为标志的第四次工业革命。

新一轮工业革命必然对传统产业造成颠覆性的冲击，传统产业需要"新的产业政策"；新一轮工业革命也必然会带动一些新产业的诞生，政府主管部门自然也需要及时制定"新产业的政策"。

为此，应该从学术角度进行研究，探索应对政策，让"新产业政策"推动经济新陈代谢，培育创新。相应地，新产业政策的研究也应该基于两个方面——重振传统产业（新的"产业政策"）与培养新兴产业（"新产业"的政策）。重振传统产业，主要是针对因产业结构不合理、产能过剩等原因未能充分提升生产效率的产业，要对之采取新的调整。尤其是农业和传统制造业。此外，还涵盖中小企业政策和反垄断政策等的完善。培育新产业，重点是明确促进经济增长的新动力，并使其步入成熟阶段，所采取的长期培养政策。通过促进需求和供给双方的创新，提升人均高科技投资比率，提高创业企业数量。

>> 目 录 | CONTENTS

第一篇

"产业政策" 之争 >>

　　"产业政策" 是一个焦点、热点和难点。张维迎、林毅夫等著名经济学家围绕它的激烈辩论，引发了社会的广泛关注；发展新经济，培育新动能是一个热点，而如何发展，如何培育，必然需要产业政策；所以，产业政策也是一个难点，是从中央到地方高度重视的一项工作。

第一章 产业政策的必然性

2014年7月，在李克强总理主持召开的经济形势座谈会上，有两位企业家表明了自己的立场。格力集团董事长董明珠称，不需要国家的产业政策扶持，只要有公平竞争的环境，企业自己就可以做好；东方希望集团董事长刘永行也表示，不需要政府补贴，就希望公平。产业政策做得好是"赶超"的利器，做得不好就可能造成失误，导致不公平竞争。不公平竞争体现在两方面：一方面，是产业政策对相关行业或相关企业提供倾斜性扶持，而未获得扶持的企业就会处于竞争上的劣势；另一方面，许多产业政策在实施过程中，会对行业设置准入门槛，让后来者无法参与到市场中来。

2016年，产业政策争议再起。8月份，北京大学张维迎教授在多个论坛上发表演讲，以光伏等行业为例称，"产业政策是穿着马甲的计划经济"，主张废除一切形式的产业政策；

9 月份，北京大学林毅夫教授发表文章称，经济发展需要产业政策才能成功。

其实，早在 40 多年前，日本也曾经有过一场激烈、持久的辩战。1961 年 7 月，日本政府曾经推出汽车产业"集团化构想"。计划将当时 9 个汽车厂商按照量产车、特殊乘用车（高档车以及运动型汽车等）和轻量汽车三类划分，规定汽车企业按照所属类别进行生产。其目的是通过这样的管制，使当时尚弱小的日本汽车产业增强国际竞争力。

但此举却遭到了汽车厂商的强烈反对，使得这项政策未能得以实施。那段期间，围绕"产业政策"，也曾经引发过日本本田汽车创始人本田宗一郎与日本通商产业省官员佐桥滋的激烈辩论。

日本作家城山三郎的小说《官僚们的夏天》讲述了二战后日本经济高速成长时期，以风越信吾为代表的通商产业省官员周旋在政策与人际关系之间，为将毫无国际竞争力的日本工业引领到先进水平而不懈奋斗的故事。2009 年 7 月，这部小说被改编成电视连续剧在日本 TBS 电视台播出。其中的男主角风越信吾的原型就是通商产业省官员佐桥滋，据称这个佐桥滋在 60 年代是通商产业省的实际控制者，其权势甚至超越通商产业大臣。

本田宗一郎与佐桥滋，哪一个正确？从此后的日本汽车产业发展情况来看，似乎一目了然。已经卷入全球市场竞争的日本汽车厂商之间通过互相竞争，得到了磨炼，纷纷成长为公认的全球性大企业。这或许说明，官僚的产业政策并不能掌控市场的发展方向。

日本东京大学三轮芳朗教授也曾经表示，日本经济高速增长阶段并非是产业政策的作用，而是"市场压力倒逼的"。相反，日本得以领先的产业并非是政府产业政策所扶持的。其列举的代表性产业就是上面讲到的日本汽车产业。

产业政策的主要目的是使经济多样化，产生比较优势的新领域。严格来讲，产业政策是政府与市场共同作用于经济发展、促进资源配置的手段。推动经济发展必然需要技术创新和产业升级，既需要企业自身摸索，也需要政府推出政策帮助企业解决难以克服的大环境问题，完善相应的软硬件基础设施等。尤其是在开放度不高、民间资本较弱时，产业政策的扶持至关重要。而政府所能动用的资源是有限的，难以面面俱到地扶持所有技术创新和产业升级，因此只能策略性地将有限资源用于优先扶持选择性的产业和企业。

事实上，日本、美国、欧盟等发达市场经济国家，在促进国家产业发展过程中，也都出台过大量的产业政策，并取得了公认的成效。例如，美国为了加快信息基础设施建设和信息产业发展，实施过一系列的产业政策。1993 年推出"信息高速公路"计划，1994 年倡议建立"全球信息基础设施"，2000 年发布"面向 21 世纪的信息技术计划"，2009 年公布"美国创新战略"及 2010 年实施的"国家宽带计划"。这些产业发展政策顺应技术发展趋势，聚焦具有潜在比较优势的产业，对这些产业中的先行企业给予外部性补偿并提供完善的软硬件基础设施，降低它们的发展成本，使它们迅速变成具有竞争优势的产业。由此极大地促进了美国信息产业的发展，奠定了美国在电子信息领域长期的霸主地位。国家战略是一个国家的核心利益、根本利益。国家战略确定之后，政策就将成为战略成败的关键点。

尤其是近几年，美国提出的"先进制造伙伴计划"和"先进制造业国家战略计划"，日本实行的"日本新一代汽车战略"和"日本机器人新战略"，德国发布的"关于实施工业 4.0 战略的建议"等，也都是政府运用产业政策促进技术创新的具体体现。只有借助正确的产业政策，设定应达到的目标、遵循的方针、发展的方向和具体任务、具体措施，才能组织、调动、规范、引导有效资源实现战略目标。

可以预见，21世纪，产业政策仍将作为各国最基本的经济手段之一而长期存续下去。

第二章　产业政策的合理性

经济发展的本质是不断提高人均收入，而前提则是越来越高的劳动生产率水平。众所周知，劳动生产率水平的提高有两个途径：一是通过技术创新，提高产品质量和提升生产效率；二是通过产业升级，将现有劳动力、土地、原材料、金融资本等生产要素配置到附加价值更高的产业，从而培育新市场，创造新动能，带动产业机构的变化（图1-1）。所以说，只有通过产业政策的正确引导，才能实现技术创新和产业升级，而能否有效带动产业结构的变动，是判断产业政策是否合理的基本标准之一。

因为，技术创新有它的不确定性。例如，机器人产业政策或发展人工智能等措施无疑是提升技术创新和产业升级的政策之一。但是，如果不对企业进行扶持和激励，企业往往会出

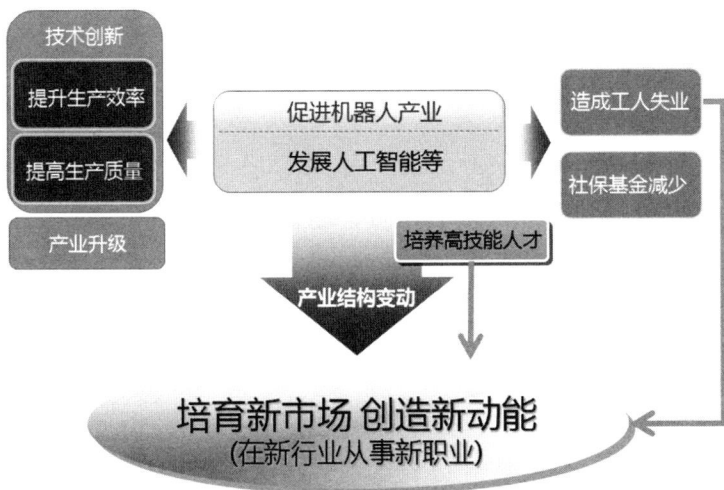

图 1-1 产业政策的合理性

于研发前景不明朗、研发结果的不确定性等原因,而会失去研发动力。而政府以"产业政策"集中有限资源,在相应产业政策的补贴等补偿机制下,帮助企业克服研发初期所需的巨额投入,才能使企业有更多意愿进行研发投入,克服研发成果和市场前景的不确定性,助力企业提高效率、缩短工期、保证质量、降低成本,具备更高的竞争力,企业才能因此获得更多的利润空间,产业才能更快地得到升级,整个经济体系才可以向附加价值更高的产业变迁。

当然有人说,这项政策有效吗?那会不会造成大规模失业、会不会减少社保基金呢?这时候,需要政策制定者对可能的技术创新和产业升级的经济和社会回报做出甄别，采取相应的配套措施。例如，通过培养高技能人才以及对替代下来的人员进行培训等"产业政策"，引导他们在新行业从事新职业，不断从当前技术和产业配置到新的效率更高的技术和附加价值更高的产业之中，从而获取更高的收入。

当然其功能不仅如此。产业政策的功能是多重的。它主要用于：克服资源配置中的市场缺陷，加快产业结构转换、保持和促进幼稚产业的发展，帮助困难产业和衰退产业进行结构重整，创造有利于平等竞争、规范竞争的市场环境和秩序，提高本国产业的国际竞争能力，实现生产要素在国内各地区间的均衡配置，使科技进步与产业结构调整互为促进等。

产业政策是否有效，除了要看设计政策的理论依据和出发点、作用点和作用机制之外，还要看它的量化效果。一般而言，判断产业政策合理与否，还要看它是否能够最大限度地发挥主导产业的带动效应。在市场经济的框架中，推动主导产业的较快发展，形成对相关产业及整个国民经济增长的带动效应，是产业政策所擅长的，而这一点也是市场机制的自发作用相对于产业政策所不及的方面。分析带动效应，虽然也是遵循成本收益分析的框架，但它与一般的成本收益分析有着不同的特点。就一般的成本收益分析而言，其着眼点是成本与收益之间的相对关系。只要某一经济行为的收益大于成本，这种经济行为就是可行的（图1-2）。

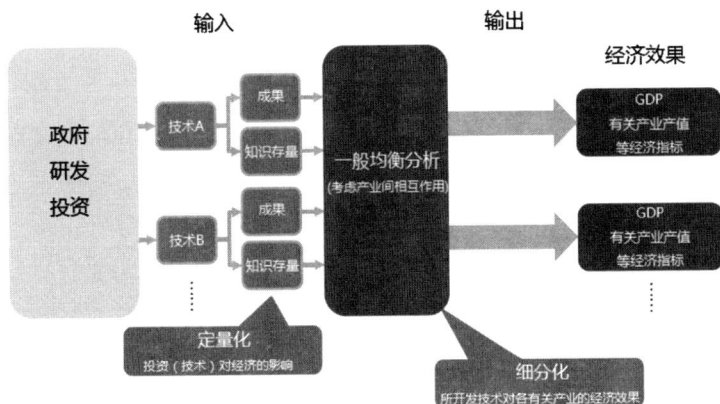

图 1-2 产业政策评价

当然，实施产业政策的带动效应大于成本，是其可行性的一个方面，但如果由于实现产业政策目标超过了社会的承受能力，那么，这样的产业政策仍然是不可行的。中国人民大学韩小明教授在《产业政策的实施机制》一文中指出，在这个方面最突出的表现，就是产业结构升级与结构性失业之间的冲突。以我国目前的情况为例，迫于来自就业方面的巨大压力，在劳动力成本已较大幅度上升的情况下，不得不在大力推进技术进步、实现产业结构升级的同时，保持较大比重的劳动密集型产业，这就是实施产业政策的成本收益分析所表现出的另一个方面。从一定意义上说，前一个方面的分析，是产业政策可行性的必要条件，而后一个方面的分析，则是产业政策可行性的充分条件。

所以说，产业政策是否有效，有其客观的判断标准。对产业政策的效果评价，是在它与市场机制自发作用的比较基础上形成的。这种效果评价至少需要考虑三个方面的内容：一是在产业政策目标基本合理的前提下，这一产业政策目标是否实现及其实现程度；二是这一产业政策目标的实现速度，即产业政策的时间效益；三是实现产业政策目标的代价，包括经济、政治、社会诸方面的资源付出的代价。可以认为，前两个方面是实施产业政策的收益分析，后一个方面是实施产业政策的成本分析。

第三章　产业政策的连贯性

产业政策需要有不断修正、动态调整的续航能力。随着经济环境的变化，产业政策的重点、手段和实施方式需要不断调整，这样才能使发现和创新过程成为一种常态。

如同上海市人民政府发展研究中心肖林所说，产业政策只是一定阶段、一定时期的产物。产业政策并非一成不变，也非一劳永逸，而是需要针对不同发展阶段的目标任务，适时调整产业政策重点。例如，美国在 20 世纪 80 年代推行"三二一"产业政策，第三产业产值和比重大幅提升，实施了以信息技术为核心的高新技术产业扶持政策，取代了原先的钢铁、造船、化工等传统产业，实现了主导产业的迅速更替。90 年代在美国政府产业政策的引导之下，美国企业的创新能力得到大规模爆发性的提升，从而造就了信息产业的繁荣。而进入 21 世纪以来，当 IT 革命的浪潮逐渐消退时，美国产业政策在思路和手段上缺乏连贯性，对实体经济创新的作用很大程度上被过度的金融创新淡化，美国也由此陷入严重的金融危机。

再比如，日本在 20 世纪 50 年代初期，实行以经济复兴为核心的产业政策；而到了 20 世纪 50 年代中后期至 20 世纪 70 年代初期，则转向实行以重化工业化发展为核心的产业政策；20 世纪七八十年代，实行以发展资本和技术密集型产业、推动产业转型升级为核心的产业政策；20 世纪 90 年代至今，实行以适应全球化发展、推进技术立国为核心的产业政策。

就我国而言，在改革开放期间其实有一项非常成功的产业政策，那就是支持劳动密集型的制造业发展的政策。在 20 世纪 80 年代初期，农业改革提高了农业生产效率，也产生了许多农村剩余劳动力。为了发展劳动密集型制造业，政府首先在沿海发达地区开设了经济特区，对外国投资企业提供税收、资金、能源和土地方面的优惠，后来还一度把这样的政策推广到内资企业和全国各地。90 年代中期，我国在全球劳动密集型出口市场上的份额已经达到四分之一，尤其是在加入世界贸易组织（WTO）之后，中国很快就变成了全球制造业中心——世界工厂，可谓是这项政策推动的结果。

支持劳动密集型制造业的政策为什么成功？归根到底还

是因为它符合当时的比较优势。

所以，产业政策也有它的时效性，也要有退出机制。我国支持劳动密集型制造业的政策能够获得成功，除了符合比较优势和不限制竞争之外，就是及时退出。20 世纪 80 年代中期，作为当时各方都能接受的政策模式和政策工具，以政府为主导的选择性产业政策成为中国推动计划经济向市场经济渐进式转型的重要方式。而随着市场经济时代的到来，只有不断减少对微观经济的计划管理或行政干预，才能不断释放微观经济活力，促进产业发展及产业结构调整。

实例：韩国制造业产业政策的变迁

在赶超的过程中，韩国与日本走的都是同样的路。日本在经济高速发展时期以通商产业省主导产业技术发展方向与产业规划，韩国则由地位相似的商工部（产业资源部的前身）主导。但是，这一模式只适用于追赶，政府主导型必然追求速度型扩张，容易忽视发展的质量。当一个国家的比较成本优势丧失，不得不进行产业结构调整和产业升级时，产业政策就必须作出调整。否则，将不再起到作用，甚至还会对创新起到阻碍作用。

2010 年以来，韩国制造业开始呈现停滞状态，多个领域受到来自新兴国家的挑战。受德国"工业 4.0"战略的启发，韩国政府认为，韩国制造业的复兴需要通过"制造业创新 3.0"来实现。2014 年 6 月，韩国政府参考德国"工业 4.0"战略，正式推出了被称为韩国版"工业 4.0"的《制造业创新 3.0 战略》。2015 年 3 月，韩国政府又陆续公布了《制造业创新 3.0 战略实施方案》，这标志着韩国版"工业 4.0"战略体系的形成。

韩国制造业发展史

1960~1975年
以轻工业为主，面向国内市场的"进口替代"战略

1975年~
扩大出口，实现制造强国的"赶超"战略

2014年6月~
以智能制造和培育融合型新产业为主的"领跑"战略

制造业创新1.0　制造业创新2.0　制造业创新3.0

图 1-3　韩国制造业发展史

韩国制造业创新 1.0 是指 1960~1975 年这一段时期以轻工业为主，面向国内市场的"进口替代"战略；"制造业创新 2.0"是指 1975 年以来通过扩大出口，实现制造强国的"赶超"战略；"制造业创新 3.0"期望以智能制造和培育融合型新产业为主，

实现全球新一轮工业革命的"领跑"战略。为此，推出了大力推广智能制造、提升重点领域的产业核心力、夯实制造业创新基础等三大战略。以期在这三项战略中，采用鼓励技术研发、人力资源开发、国际合作等功能性的产业政策，引导产业升级。

战略一：大力推广智能制造

智能工厂的建设与示范：到 2020 年建设一万个智能工厂。利用云计算、物联网、大数据等新一代信息技术，推动生产全过程的智能化，实现智能工厂。由社会组织（商协会）、大企业和中小企业组成"智能工厂推进联盟"；由政府与民间筹集 1 万亿韩元，组建制造创新基金；建立"产业创新 3.0"推进标准体系，并在中小企业中普及推广。

战略二：提升重点领域的产业核心力

提升新材料、元器件的国际市场主导权。新材料方面，计划到 2019 年完成对世界一流水平的十大核心材料的初期研发；元器件方面，计划到 2025 年研发核心 SoC（系统级芯片）等一百项未来领先型关键元器件。打造元器件、新材料产业园，积极吸引国际原材料、元器件企业入驻，积极促进与国际新材料、元器件实力较强的企业进行合并重组。

战略三：夯实制造业创新基础

培养各领域专业人才，尤其是面向产业融合及不同行业的特殊需求，引导大学和职业教育机构培养复合型人才；成立东北亚研发中心，制定东北亚研发中心战略，构建东北亚技术合作网络，发掘未来经济增长新领域，共同研发气候应对以及能源等国际合作项目；与美国、德国、以色列等创新型国家联合举办高端技术交流会，进一步强化战略合作；推动国家间的产业基金研发项目的合作。

启示：着力点 + 连贯性

首先，产业政策要有新的着力点。以往，发展中国家受制于发展阶段和水平的限制，而纷纷瞄准发达国家和地区的先进技术和产业，通过消化学习、引进、吸收和模仿等方式一路追赶，以期达到快速发展的目的。但是，在经济全球化的大背景下，随着发展中国家经济的快速增长以及技术实力的不断增强，发达国家越来越把发展中国家视为竞争对手，通过强化全球价值链治理，把发展中国家企业限制和锁定在产业链低端，同时运用知识产权和贸易限制等手段进行严厉遏制。因此，无论是在转变发展方式的意义上，还是在国家经济社会安全的意义上，产业政策的定位均要从"追赶者"转变为"领跑者"，通过实施"领跑者"的创新驱动理念，促进技术创新和自主研发，才能进一步获取产业优势，提升产业在国际上的竞争力。

其次，产业政策要保证战略的连贯性。在产业政策的视野中，转型升级既要有跨越性，也要有连贯性。其中的跨越性主要表现为在重大核心技术创新基础上寻求技术路线的升级和优化，提升重点产业国际市场主导权的同时，建立更先进和更发达的产业体系。而连贯性则主要体现为面向产业融合及不同行业的特殊需求，引导大学和职业教育机构培养复合型人才，发掘未来经济增长新领域，进一步强化国际合作，推动国家间的产业基金研发项目合作等产业转型升级的及时实现。

第二篇

产业政策的前世今生 >>

　　参照日本经济发展的历史，从产业政策角度来看，大致经历了三个阶段。战后复兴时期，主要是针对特定产业采取重点资源分配的阶段。此后，在以"新自由主义"为代表的放松管制和结构改革潮流下，推行"市场能做到的就完全交给市场"的一种方式。继而，2000年以来，"产业政策"一词开始重新浮出水面，受到各国的高度关注。但是，与战后复兴时期有所不同，如今，政策不能妨碍市场规则与公平竞争，产业政策之中，更多地包含创新驱动与技术创新。此外，随着市场规模不断缩小，市场机制出现负面作用，日本企业开始积极向海外拓展，纷纷"走出去"。这样一来，日本政府在产业政策之中，还主要考虑到了如何伴随市场规则的调整，协调国内国际两个市场。

第一章 引导产业向好发展的工具

产业政策（Industrial policy）一词最早出现于 1970 年，由日本通商产业省代表在经济合作与发展组织（OECD）大会上所作的题为"日本的产业政策"的演讲中提出。之后，日本、英国、美国的学者对产业政策作了进一步的界定，形成不同的表述。此后，有关产业政策的研究不断扩展，并逐步在各国政界和学术界受到关注。

而关于"产业政策"，在大多数场合，没有明确的定义，只是一项政策探讨。实际上，在经济学教科书中，产业政策的定义也不一致。

自 20 世纪 50 年代初期以来，随着日本经济的发展，遇到了各种各样的问题并提出了相应的对策。正是在这种产业管理的过程，产生了产业政策这个术语，并逐渐成为通用词汇。日本经济学家通常认为，"产业政策是政府为实现某种经济和社会目的，以全产业为直接对象，通过对产业的保护、扶植、调整和完善，积极或消极参与某个产业或企业的生产、营业、交易活动，以及直接或间接干预商品、服务、金融等市场形成和市场机制的政策总和。"主要包括四个方面：（1）产业保护政策；（2）公益业务的管制；（3）为发展产业而进行的基础建设投资；（4）反垄断政策。

而美国著名经济学家，哈佛大学经济学教授格里高利·曼昆 (N.Gregory Mankiw) 在其著作《微观经济学原理（第五版）》中认为，产业政策是"振兴某些专项技术的产业的政策"，哈佛大学著名经济学家丹尼·罗德里克 (Dani Rodrik) 则认为产业政策是"带动特定经济活动，促进经济结构调整的政策"。

经济合作与发展组织（OECD）2013 年报告《Beyond Industrial Policy》中，将政府为改善企业商业环境而采取的措施定义为产业政策。

所以说，产业政策出现了各种定义，产业政策根据时代的变化，其内容与性质也在不断变化，因此出现多种产业政策的定义并非难以理解。

总之，产业政策是国家为促进经济发展，由政府对产业内资源配置进行科学、必要、适度和适时的引导和调控，推进产业结构调整和经济发展方式转变的经济政策。产业政策的主要作用是弥补市场失灵，改善和优化资源配置，提高本国产业竞争力。产业政策影响和作用的对象是产业经济这一中观层次，如果说宏观政策重在解决总需求与总供给的总量问题，产业政策则重在解决结构问题，对供给侧的引导和调控指向更加明确和具体。

例如，横向产业政策是指为保证产业发展而采取的普适性政策。例如完善基础设施、人才培养、研发费加计扣除、知识产权保护、金融和资本市场的发展等。它为所有产业和企业的发展创造了基础条件和良好环境。

而纵向产业政策是对选定产业实施促进的政策。例如一些重大专项，它们基本上有以下的共同特点：第一，是出于国家安全和经济发展的重大需求，比如载人航天、大规模集成电路、生产装备、基础软件等；第二，从长远看，有可能形成或裂变出有市场前景的产品和产业；第三，投资规模很大，短期不能产生平均利润率，市场投资者近期没有投资的意愿。政府选择这类重大项目，以较大政策力度支持其发展，以期为产业结构升级打下基础。

从国际上看，受 2008 年以来的国际金融危机影响，世界经济仍在艰难恢复之中，主要经济体尽管情况不同，应对危机的具体措施有所差异，但在应对危机过程中至少形成两点共识。一是将经济政策的重点调整到发展实体经济上来，美欧日等发达国家和地区重新提出再工业化战略，作为实现经济再平衡的重点。二是在需求侧政策难见成效的情况下，强化供给侧政策，加大政府干预力度。例如，美国制定先进制造业伙伴计划，德国提出"工业4.0"，法国实施新工业战略，日本制定产业竞争力强化法，就是政府加强干预的例证。无论是否冠以产业政策的名义，事实上各国纷纷制定经济政策，支持智能机器人、3D打印、新能源、新材料等新兴产业发展，力图抢占新一轮国际竞争制高点。

从国内看，2010年之后，我国成为全球制造业第一大国，高铁、核电、航天等领域一批创新成果的产业化进程加快。但与此同时，我国供给体系的结构性问题日益突出，主要表现为供求总量失衡，部分领域产能严重过剩，难以在短期内得到消化；供需结构错位，高端有效供给不足，难以适应居民消费结构向高端化、个性化、多样化升级的需要；新旧动能面临转换，规模体量占比较高的传统产业增长乏力，增速较快的新兴产业亟待规模化发展；制造业低成本竞争优势日趋弱化，基于创新和人力资本的新竞争优势尚未完全形成。为主动适应和引领经济发展新常态，需要处理好政府与市场的关系，加大供给侧结构性改革力度，在政策创新和精准度上下功夫。

所以，"产业政策"应该是"产业间或者产业内资源分配（包括产业结构调整）所采取的所有引导政策"。包括产业组织等传统政策，也包括放松管制和结构性改革，还包括科技创新所需的教育与金融等领域制度改革。也就是说，产业政策是跨行业、跨管理机构的政策。未来，信息通信技术、机器人相关技术将快速发展，产业结构调整将在技术创新中发生，所以如何制定产业政策，更加需要从综合的整体角度来考虑。尽管产业政策定义在当前难以预测其未来变化，但是根据未来经济社会的趋势，产业政策的定义将不断发生很大的变化。所以，产业政策应该是"动态变化"的。

第二章　市场不对称

　　关于产业政策的内涵，经济学界存在多种观点。有人提出，虽然产业政策的表现形式可能千差万别，但其目的都是为了规范经济主体行为和市场竞争秩序，优化经济结构，合理配置和有效利用资源，提高经济发展的动力和企业竞争力。所以说，产业政策是各国在实现经济发展过程中所采取的一种必要的手段，产业政策产生和发展的理论依据主要包括以下三种解释：

　　1. "市场失灵"说。市场失灵理论认为，由于市场机制存在种种不完善之处，如垄断、外部性、信息不对称等，它不能实现资源有效配置，因而需要政府的产业政策进行干预。产业政策是为了弥补市场机制可能造成的失误、由政府采取的一种弥补政策，为了弥补市场缺陷，从供给角度对产业活动实施经济干预、引导产业发展而制定的各种政策的体系便成为必要。哈佛大学经济学家丹尼·罗德里克 (Dani Rodrik) 和里卡多·豪斯曼 (Ricardo Hausmann) 从市场存在的 "信息外部性" 和 "协调外部性" 两方面缺陷阐述了产业政策的依据。他们认为，一国生产结构由单一到多样化的转变需要一个 "自我发现" 的过程，即企业家引入新技术、试验新的生产线并建立适应本地条件的新产业，这是一种创新活动。尽管这种创新具有巨大的社会价值，但由于创新者要承担全部的失败成本，而一旦成功，由于模仿的存在，创新者又不得不与他人分享发现的成果，结果往往使得创新的社会收益大于创新者的个人收益，这样，创新活动就会受到抑制，从而产生 "信息外部性"。市场存在的另一个缺陷是协调外部性，这在规模经济条件下十分明显。许多项目需要同时进行大规模的投资才能赢利，并且相关的上游和下游投资需要同时联动，配套设施的完善也会产生高额的固定成本，因此单个企业往往没有能力完成，而市场自身的力量又不足以协调不同投资者的行为，能否解决协调问题关系到大量新产业能否建立和发展。正是由于信息外部性和协调外部性的存在，政府需要通过产业政策对建立新产业及其相关创新活动进行必要的支持，以保持产业不断进步的动力。通过与市场之间的对话，产业政策换来空间，市场功能能够实现某种程度的增幅效果。例如，一个典型的案例是新能源汽车产业。从环保角度采取的新能源汽车补贴就是一项弥补政策。

2."赶超战略"说。赶超战略理论从后发国家在劳动力成本、引进技术、规模经济等方面存在的"后发优势"出发，主张通过产业政策加快产业结构转换，以实现快速追赶的目标。该理论强调产业政策是政府在市场机制基础上更有效地实施"赶超战略"的需要。它是总结后发国家实现赶超目标的成功经验所得出的理论认识，因而较好地揭示了"为什么后发国家在实现赶超目标的过程中比发达国家更多地运用产业政策"的问题。产业技术创新过程往往是大投入、长周期、高风险的过程，企业投资的内生动力相对有限。同时，新产品、新技术的开发需要基础科研的突破，但基础科研通常属于社会公共知识，企业没有从事基础科研的积极性，因而需要产业政策的鼓励和支持。事实证明，由于"后发优势"的存在，依托自身资源要素禀赋，发展中国家完全可能通过制定和推行合理的产业政策来实现经济的超常规发展，缩短追赶先进国家所需的时间。

3."国际竞争"说。该理论主要强调，产业政策是为了加强本国产品国际竞争力的政策。该学说强调产业政策是各国更好地参与国际竞争的需要。例如，从国家战略和产业安全角度来看，涉及国家安全、重大项目工程、国家公共服务等诸多领域，需要相应的产业支撑。这些产业的发展不能完全依靠市场，而要有政府的保护补贴。比如，在重大科技创新、航空航天、国防军工等产业上，各国政府都施以强有力的支持性产业政策。"国际竞争"理论较好地解释了当今发达国家和发展中国家都在致力推行不同形式的产业政策的深层原因。

产业政策的目标

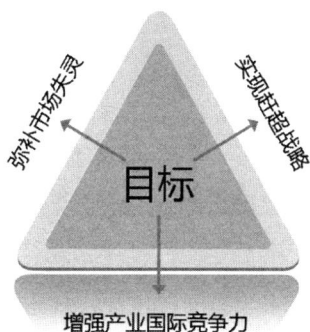

图 2-1　产业政策的目标

归根到底，产业政策主要基于"市场不对称"。一是国内市场不对称带来的市场失灵理论，二是国际市场不对称带来的赶超战略理论，三是国内外市场不对称所带来的国际竞争理论。

第三章　日本产业政策的启示

在经济的不同发展阶段，随着国际形势的变化，"产业政策"在各个时期发挥了它自身的作用，其内容与性质也在改变。随着资本、土地等资源要素供给的下降，资源与环境的制约，资源要素投入和能耗污染较少的服务业不断蓬勃发展，产业结构不断优化；随着资源要素价格上涨、储蓄率下降，出口和投资增速放缓，消费需求持续较快增长，需求结构不断优化；随着国际经济合作和竞争局面发生深刻变化，全球经济治理体系和规则面临重大调整，开放程度和内外联动性不断加大。今后，"产业政策"必然会根据经济社会环境而持续发展深化。

第一节　认识日本产业政策的历史演变

回顾日本产业政策的历史变迁，应该从经济学视角入手。

从历史上看，政策实务总是比经济学要前瞻一些，但是两者又不断地相互影响，形成了产业政策的历史。

日本产业政策的变迁大致上可以分为三个阶段。最初阶段是20世纪40年代至60年代，当时主要是以国内市场为中心，培养规模经济所需的幼稚产业保护与面向重工业化的政策资源倾斜时期。战后20年，日本实现了与其他国家所不同类型的经济增长，此后通过贸易投资，日本经济在国际上形成了很大的影响力，其原因就是政府深度地介入了产业政策。第二阶段是1970年至2008年的全球金融危机时期，贸易与汇率自由化以及日美结构协议等外部压力之下的结构改革和放松管制时期。但是90年代后，在放松管制和结构改革的思想下，业界对"产业政策"不太关注。如今所处的第三阶段是指金融危机以后到当前的时期。同时，这一时期，新一代信息技术以及机器人传感器技术等呈现指数级发展，第四次工业革命正在孕育发生。

第一阶段：贸易保护与重工业化之路（20世纪40年代至60年代）

二战战败后，美军占领下的日本产业，有两个政策立场。一个是从为日本军事侵略而确保资源，到以国内资源开发与市场扩大为主的自主型经济循环的立场。为了带来规模经济而推进的产业重组,促进了特定产业的合理化与产业结构的高级化,被认为是传统产业政策的都是此类型。另一方面,对于资源匮乏的日本而言,没有与战前一样以贸易为核心的产业。贸易与资本自由化代表了这一立场的施策,但是包括海外企业在内的竞争机制带来了自然淘汰,国内产业受到不断的历练,产业结构也还是合理化的。日本此后的产业政策,也是在这两项立场相互作用之下形成的,直到今日依然如此。代表性的就是企业兼并重组。

经济高速增长时期的日本虽然有着丰富的劳动力资源,但是资本欠缺。肩负战后经济重建的纺织与机械都是劳动密集型产业,对此,政府采取补贴和行政干预等政策手段,促进先进技术实施以及资本积累,同时通过领导剩余劳动力流向新产业,使得产业结构更加高级化。针对特定产业的特定政策,当时主要采取的是对幼稚产业的保护和去产能(兼并重组)等形式。

当时的日本,资本积累是最优先的目标,为了抗衡欧美资本,通过在国内培育重化工等规模经济性产业,充分利用“工厂规模经济”和“企业规模经济”,建立大规模生产体制和现代化生产方式,再通过比较优势向规模经济性较强的资本密集型产业转移，克服了市场失灵。同时，通过国内产业兼并重组和优化配置，防止"过度竞争"。在通商产业省推行向重化工业转移产业政策的引导下，日本的设备投资每年都有较大幅度增长，其中，投资的 70% 都集中在电力、钢铁、化工、机械等行业，并迅速形成了一个完整的重化工业的体系，而健全的重化工体系为后来日本经济的高速发展奠定了坚实的基础。在技术引进中日本注重博采众长、吸收消化和集成创新，欧美的先进技术被大量引进日本，然后进行二次开发和集成创新，并且在工业技术领域迅速缩短了与世界先进水平的差距。到了 70 年代，日本的汽车、船舶、钟表、家用电器和电子产品等已横扫全球市场，这一阶段日本企业技术创新的特点就是模仿与改良，多以集成创新和设计创新为主。

日本通商产业省通过制定产业政策，利用财政、税收、金融等手段，成功地推动了日本的钢铁、造船等基础工业的高速发展，而这些基础工业的建立又带动了日本经济的发展。

日本政府在确立"技术立国"发展战略之后，制定了多项国家科技发展总体计划，并且明确了阶段性目标。通商产业省通过产业政策指导企业按照总体计划进行研究开发，并大力扶植企业技术创新活动。政府通过财政政策、税收政策、金融信贷政策等激励和扶植企业的技术创新活动。鼓励企业采用新技术、新设备来提高装备水平，推动科研成果的转化，促进"产、学、研"的良性互动。1948 年，通商产业省设立了中小企业厅，并在日本境内八个地区设有派出机构，指导中小企业开展技术创新活动、推进中小企业的技术现代化。20 世纪 50 年代通商产业省制定的《振兴机械工业临时措施法》有力地推动了机械工业的快速发展，为建立现代制造业奠定了坚实的基础。还有一个典型案例就是通商产业省为了改变当时日本产品在国际市场上的模仿与山寨形象，通过国家推进体系，扶植和引导了日本工业设计的发展。例如，1957 年设立 Gmark 设计大奖，旨在鼓励日本企业提升工业产品的设计水平，提高工业出口产品的质量、品质和附加值。可以说，如果没有通商产业省不遗余力地推进工业设计，就没有后来设计精美、风靡全球的日本电视机、冰箱、洗衣机、照相机等电子产品。

这一阶段，日本实现了从劳动密集型产业到资本技术密集型产业的过渡，在产业升级的过程中实现了经济的稳定增长。从定性角度评价，这一阶段的日本产业政策在一定程度上的确发挥了不小的作用。

第二阶段：内外环境变化下的产业结构调整（20 世纪 70 年代至 90 年代）

针对特定产业的产业政策，经历经济高速增长期的贸易与资本自由化的进展以及日美结构协议之后，大幅后退。其背景是，随着日本经济的成熟，增长型产业与衰退型产业变得难以区分，以产业为单位制定振兴政策愈发困难。产业结构的高级化告一段落，资本积累到足以赶超欧美，产业政策的方向开始转向放松管制、公共部门民营化等结构改革。民间产能过剩难以解除，提升积累资本的运行效率，带动新的增长，也是世界大趋势的一部分。没有充分运用竞争原理的航空和通信领域开始推进私有化，日本国铁和邮政等也开始私有化，服务得以提升，经营得以自主。强化市场功能，建设竞争环境开始成为政府的主要工作，收起了传统的产业政策手段。与此同时，产业政策开始将竞争政策作为重点，变为"企业商业"政策。

这一理念的变迁，也是受到了经济学研究的影响。传统产业政策效果如果在事后评价，政策的有效性通常无法被明确表述，获取信任。这一研究结果，导致以针对政府对于市场失灵有没有采取贴切应对措施的质疑。尤其是，（1）市场失灵有可能同样带来政府失灵，后者不得不为其负担社会成本，（2）

政府对有没有准确地选择该振兴的特定产业——等评判无法有效辩解，成为加速传统产业政策悲观论的原因之一。用产业政策该振兴的产业，除了市场失灵之外的原因（政府介入的影响以及官员管制等目的）无法有效解除质疑，开始步入"失去的二十年"，对产业政策的关注也在世界范围内失去了。

第三阶段：全球金融危机与日本东部大地震后应急对策（2000 年以后）

2008 年全球金融危机以来，各国对"产业政策"的关注度开始再次提升。"产业政策"不仅仅在欧美，在一些新兴国家也成为"焦点"和"热点"，很多与"产业政策"有关的著作相继出版。日本东部大地震之后，日本制造业受到沉重打击，"产业政策"作为日本政府的救灾措施之一，占据了重要地位。

产业政策再度崭露头角是在 2008 年全球金融危机之后。首先，避免因没有预测到的外生的需求危机原因而使企业陷入经营危机所需的政策，日本和欧美各国已广泛采用了。例如，对新能源汽车采取的特定领域扩大内需对策、对通用汽车公司（GM）等个别企业的经营支援等。有专家担忧，实施这些政策，将难以与本来该衰退的产业、该退出的企业的延命政策相区别。但是无法预测的外生的需求危机，根据需求危机的大小，健全企业也将陷入经营危机的话，将构成负的外部性。那样一来，期限性的对企业的救济政策应该被评价为拥有一定程度效果的政策。但是，2011 年 3 月日本东部大地震和海啸的影响，对中小企业的企业金融等政策的影响一直延续着。

同时，因日本福岛第一核电站事故以及其后的东京电力计划停电事件，传统能源供给体制受到质疑，于是结合电力天然气系统改革，福岛等受灾地区重建，日本开始推进上网电价制度（FIT）等新能源补贴政策。

2010 年 6 月日本政府内阁会议通过的《新增长战略》，不是对过去成功经验的总结，而是清醒认识到了"失去的二十年"的背景，基于客观反省，开始摸索新的步伐而制定和执行的。《新增长战略》目标是对传统政策体系的调整。纠正对公共业务的过度依存以及侧重供给侧的做法，希望培育新的需求和就业。但是，执行 9 个月后，日本遭遇了史无前例的"3·11"大地震，这让日本的经济发展必须面对新的局面。为了适应新的状况，日本政府对《新增长战略》进行了修改，于 2012 年 7 月 31 日出台了旨在指引日本未来经济增长方向的《日本再生战略》，希望通过受灾地区的复苏，让日本整个国家比大地震前更具魅力、更具活力、实现再生。

日本政府认为，制定具体政策之前，首先需要严格检验当前政策的状况，尤其是从"实施切实有效的政策"角度，不仅要评估政策是否按照工程表期限得以落实，还要把能否明确说明政策带给国民的效果作为评价基准，而以往总是容易过高评价成效。因此，2012 年 5 月开始计划制定《日本再生战略》时，对《新增长战略》各政策的实施状况进行了严格评估，杜绝了政策成果的过大评价，告别了夸张的习惯。结果显示，《新增长战略》预定实施的大多政策中 98% 以上已经实施或者部分实施完毕；另一方面，有些政策显现成效尚需一定时间，还有一些政策在制定后因发生日本大地震等影响较大而未必会产生成效，也因此不能充分确认政策效果。为此，要加速执行在政策落实上比工程表延迟的事项，一些因各种理由无法完全评估成效的政策，要对其进行调整，解决其落实的瓶颈问题。

同时，为落实"实施切实有效的政策"，《日本再生战略》在各政策领域中，除了充实 2020 年度应实现的大目标之外，还将实现该项大目标所需的中间数值目标 (原则上 2015 年度应实现目标) 作为原则，按照每个政策系列来设计路线图，实现目标的明确化，并按照年度制定具体措施 (行动)。

《日本再生战略》旨在应对内外变化，注重协调五大关系。

第一是与社会保障制度之间的关系。对于迎来全球最早的超老龄化社会的日本来说，提高社会保障制度的可持续性是最为紧迫的课题。在社会保障与纳税一体改革同步实施过程中，通过《日本再生战略》实现经济增长，从而可以实现财政层面支撑社会保障制度的可持续性。

第二是与财政之间的关系。经济增长与财政稳健的对立是不可回避的课题。日本国家以及地方的长期债务与 GDP 之比高达 196%(2012 年度末预计)，预算的僵化也因此在所难免。《日本再生战略》通过列举成果，同步保障经济增长与财政稳健，希望能够提升社会保障制度的可持续性，从而有助于预算的更加灵活。

第三是与全球经济增长之间的关系。伴随人口减少，对于国内市场需求低迷的日本来说，不仅要努力扩大内需，获得外需更是至关重要的命题。为此，需要构建以新兴国家为首，致力于从世界各国获取市场需求的贸易关系。尤其是，获取高速增长的亚洲地区的市场需求将成为关键所在。

第四是与新能源增长之间的关系。伴随近年来全世界需求剧增，原燃料价格不断飙升，日本经济正承受更甚于此前石油危机时代的原燃料价格大幅上涨的影响。此外，日本还遭遇了东京电力公司福岛第一核电站事故，致使日本当前不得不严重依赖石化燃料，原燃料价格飙升，伴随进口增加，价格竞争力与交易条件也不断地恶化，企业收益、劳动者收入与就业环境都受到了压力，对贸易收支也造成了影响。为此，"从核电转换为绿色"，对于旨在实现摆脱核电依存，将可再生能源等"绿色增长战略"列为最重要战略的《日本再生战略》来说，一定要时刻认识到实现经济增长与能源结构的匹配性。一般而言，经济增长率越高，电力需求越会增加。所以，要有效开展加速新能源开发与改革电力需求侧的对策。

第五是与人才培育、平台基础设施等之间的关系。所有增长都离不开人才培育和平台基础设施建设。创新不能仅仅局限于新产品、新技术的开发。通过突破传统思维模式的自由创

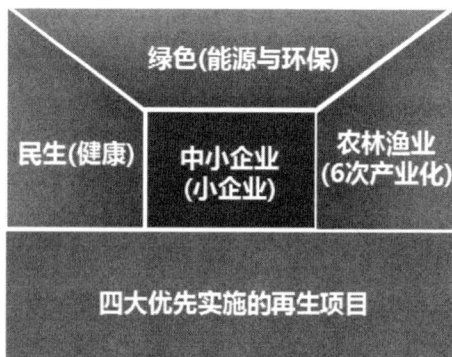

图2-2 《日本再生战略》中的四项再生领域

意，才能实现意想不到的发展和增长。为此，需要培育人才，触发创新的信息通信技术，加快金融等平台基础设施建设，完善研发支援与法律法规改革等方面的政策。

日本政府寄希望于推进《日本再生战略》的各项战略，明确政策对象，实施弹性政策，以实现日本经济的再生。

(1) 明确政策对象，实施弹性政策

为了实现强有力的日本经济再生，需要战略性执行有效措施，需要明确实现目标的政策对象(目标)，有效运用管理制度、预算、税制等政策手段(工具)，重点地、集中地落实政策。

《日本再生战略》中，首先是"摆脱通货紧缩"的政策。同时，为同步推进"全球化""区域化"等方针，将日本再生具体战略汇总成了一个工程表，战略性重点为38项政策，为了以这些重点政策为中心进行落实，需要推进实现所制定的数值目标。由于目前财政状况极为严峻，实现政策可投入的资源有限，为了推动经济增长与改善国民生活，就要做到：将严峻的能源制约、超老龄化社会的到来等日本面临的制约转化为动力，作为向全世界做出示范的"前沿国家"，构建新经济社会结构。让区域社会中的每个人以及每个中小企业最大可能、最大限度发挥其能力。向全世界传达可靠的食品

安全,可实际感受的新经济增长,构建自信和自豪的区域社会。

为了提升生活质量、带动经济与区域的活力发展,需要加速优先实施绿色(能源与环保)、民生(健康)、农林渔业(6次产业化)等三大领域与这些领域内的中小企业(小企业)等四大政策跨领域项目(即日本再生项目),顺利推进对各项问题的解决(图2-2)。届时,还将这些项目作为平台来培育人才,来推进信息通信技术的应用。

①绿色(实现创新能源与环保社会项目)

2020年目标:创造50万亿日元的需求和140万人的就业。

日本大地震、核电事故暴露了日本能源供给体制的脆弱性,电力供应紧张成为日本经济社会发展的现实。为了摆脱核电依赖,实现能源新政,需要实现创新型能源与环保社会。全世界都面临着能源问题,为国际社会找到解决途径是日本的国家使命。为此,需要电力供给侧、需求侧双方集中投入资源,引导汽车、交通、住宅、城市开发、医疗等跨领域的能源技术的连锁性创新,推进新产业的培育与产业结构的变化。

努力在国外获得世界标准的同时,日本在国内实现整体型"智能化",从传统的中央集权型供给,建设成由家庭、企业等可以选择电源供给方式的环境,实现最大效率利用日本国内的各种能源。此外，通过改进住宅的抗震性能、节能性能以及城市规划，让电力用户积极节能节电，实现生活方式上的变革。通过根据地方区域特性来积极应用未被有效利用的能源，对促进区域活力做出贡献。

同时，可再生能源作为支撑分散型能源系统的重要供给来源之一，其重要性愈发提升。通过促进导入制度的调整、发挥地方区域特征、推进技术开发，让可再生能源更加贴近生活。此外，蓄电池是促进分散型能源系统的核心重要技术，需要努力实现蓄电池战略。同时，还要推进可以促进更多的热能效率利用，完善最终能源消费的形态。

经历日本大地震之后，日本社会重新认识到灾害发生时，石油、LPG 等燃料储备的重要性。因此，需要根据每个地方区域的供需状况进行储备，让民间企业建设国内天然气管道，实现石化能源的稳定供给。

为了建成与以往截然不同的新社会，就需要大力发展能够高效、稳定应用能源的世界最高端能源技术。同时，调整管理制度以及税制，鼓励通过自由创意应对未来的不可持续发展问题。日本技术的强项应该灵活运用，不能局限于国内，要让智能社区等能源系统的基础设施出口，不断向海外进行宣传，让日本品牌再生，带动日本经济增长。

②民生（实现世界最高水平医疗与社会保障项目）

2020 年目标：创造 50 万亿日元需求和 284 万人就业。

日本医疗水平在世界属于领先。今后，在未来老龄化社会中，让国民无论居住在哪里，都能够享受良好的医疗护理服务，同时在自己的居住区域内能够接受综合性医疗、护理、预防、居住、生活救助服务。

在一些公共保险无法支持的领域，要发挥民间企业的活力，利用他们的创意，培育和提供可应对多样化需求的服务，由此形成具体的服务，不断利用医疗护理服务，从而可在区域内进行丰富多彩的生活。

为了在全球经济中以高附加值化胜出，医药品以及医疗设备产业被寄予厚望，在未来日本经济增长产业中占据重要地位。在向国民持续提供世界最高水平的医疗，领先世界培育创新的医药品以及医疗设备的同时，在再生医疗、特殊医疗等世界最高端的医疗领域中，日本要不断地领先世界。此外，为了提升老年群体的生活质量，减少护理与保健场所等的负担，需要推进高效护理服务的进化，需要应用日本拥有的机器人 (20.390，0.20，0.99%) 技术等开发多样化的医疗设备与保健设备，从而对培育日本新制造产业做出贡献。

日本是世界上老龄化进展最快的国家之一。推进这些措施，构建能发挥日本医疗的强项、克服弱项的新医疗系统，积极向全世界传播日本医疗体制，就很可能会被评价为国际上应对老龄化的先进事例。由此，通过让医疗服务与医疗设备一体化向海外开展，将医疗与护理系统打包向海外开展等，广泛向国外拓展医疗产业的市场，实现较大经济增长。

③农林渔业（区域活力倍增中的农林渔业6次产业化项目）

2020年目标：6次产业化的市场规模10万亿日元。

为了让地方区域内的农林渔业更加具备活力，需要通过调整区域资源，推进新6次产业，实现高附加值化，增加农林渔业者的收入，带动提升日本全国各地的区域活力。同时，让有志于此的年轻人或者女性持续地、放心地参与到农林水产业，完善农林水产业的就业环境，让农林水产业成为新就业的接受地。

此外，在全世界对食品安全的关心持续升高的背景下，积极推进"安全、美味、健康"的日本农林水产物与食品出口，加强全世界获得高度评价的日本食品文化与健康、教育、旅游观光等各领域的合作，向全世界广泛宣传。通过开发农林渔业与商业、工业、旅游观光业相组合的 6 次产业，让地方区域社会重新获得自信和自豪。根据区域特性，推进产业集聚，使其成为日本经济增长引擎，最大限度调动区域智慧，培育当地产业的活力，并让各个区域在竞争中合作，提升区域的整体实力。

④以中小企业为旗手（可惠及到小企业的以区域为中心的中小企业活力倍增项目）

2020 年目标：中小企业海外收入比率达 4.5%，创办率稳超注销率。

日本经济的旗手是中小企业。中小企业是支撑绿色、民生、农林渔业领域的强有力平台，在其他领域也发挥着较大作用。为了提升区域经济和社会活力，就需要使政策不断地惠及到中小企业，让中小企业成为区域的核心，让中小企业活跃起来。充分发挥中小企业的机动力、灵活性的同时，灵活调动年轻人、女性的经验、感性和视点，建成根据区域的需求，可提供具体新服务或新商品的社会。在全球竞争下，日本以大企业为中心的现有企业结构开始动摇，目前新市场的应对、新产品的开发都需要较大调整。除了与金融机构、公共扶持机构的纵向合作之外，中小企业之间要基于横向合作，让中小企业互相合作与切磋，踊跃发挥各自的智慧和技术，开创和拓展业务。其中，各种规模与行业领域的大多企业位于地方区域内，长期看，让中小企业肩负制造技术的继承、培育新服务、培育人才等任务，从而支撑区域经济的发展。

此外，继续推进"Cool JAPAN"战略，让大多中小企业展现活跃性，成为经济发展的旗手，发挥日本的强项与魅力；继续推进"All JAPAN"战略，让日本农林水产物、食品等日本品牌得到再生。同时，通过区域间、国际间的人员交流，实现经济活性化，创造具有魅力的国家。

(2) 确保政策执行的手段

政策重点实施之际，为实现政策目标，需要恰当地选择高效的、有成效的手段与方法。

①加强体制改革与预算管理

从有成效地推进实现日本再生所需的政策角度出发，不断加强与行政改革政策的配合，推进去除烦琐政策，促进相关中央政府机构的通力合作，排除相似性政策的重复实施。同时，根据社会经济状况以及国际关系的变化，让所需调整的法令解释更加清晰化，让有关数据得到充分利用，从而最大限度地、最快地推进管理制度的改革。为了切实实现重要度较高的目标，对重点的四项日本再生项目的政策领域，需要进行更加贴切的重点化预算。因此，在未来预算编制过程中，需要开创跨中央政府机构的预算编制机制，采取系列的政策，使得预算带有张弛度。届时，日本再生战略执行的 PDCA 循环也要加深与行政改革政策之间的配合。此外，基于严峻的财政状况，在投融资方面，主要采用不依赖税收的其他财政手段。

②增设综合特区

综合特区是发挥区域自主性与区域资源的一个有效场地。因其是以管理制度的特殊政策为核心，将税制、财政、金融上的扶持政策打包，有望成为经济增长的突破口。

③强化金融功能

在资金层面，也需要大力扶持"走出去"、扶持区域内的中小企业。为此，在资金上广泛支持企业、国民的广泛经营活动，加强政府金融机构之间的相互合作，加深政府金融机构与民间金融机构的合作，强化金融功能，推进扶持政策。

我国的产业政策实施过程与日本产业政策的第一阶段非常相似，尤其是从钢铁、汽车产业等一系列的政策文件来看，政策的出发点是考虑到国内企业与主要国际企业在效率上的差异很大程度上是来自于企业规模，而不断地采取引导兼并重组等产业组织政策，以期望扩大规模，扩大国际市场份额，避免过度竞争。

但是，我们在接受日本经验的时候，缺乏批判性，缺乏理论的高度，到了 21 世纪初期，在经济过热背景下，出现了一些过剩产能等产业发展的偏差。究其原因在于，我国的比较优势要素、比较优势部门已发生深刻变化，如果还是按照以往的方式，以完善资源合理配置机制为目标的产业政策来引导产业发展的话，显然未能及时地顺应市场的需求。

日本产业政策是一直在变化的。每个阶段总会根据比较优势要素、比较优势部门的变化而调整。当前，我国的比较优势要素、比较优势部门也在发生明显变化。一方面，人口红利在消失、人力成本在上涨，廉价劳动力优势正在不断弱化，经济相对发达地区的土地资源优势消耗殆尽等；另一方面，劳动力素质正在大幅提升，工业化水平正在提高，带来基础设施和投资环境的改善以及资本积累能力的提升。产业政策也应顺应市场需求进行升级，在这一点上，日本的经验同样值得我们认真借鉴。

第二节　清醒认识产业政策的负面影响

首先，扶大扶强限制了中小企业发展，遏制了创新。

日本通商产业省以产业政策的方式，将资源倾斜给"帝国企业"。日本通商产业界历来具有"国企"情结，它们将三菱、住友、三井、新日铁、东芝这些二战前就存在的大企业当成所谓"帝国企业"，保护和扶持这些大型企业，限制中小企业对大企业市场地位的挑战和竞争。一方面，通商产业省官员认为，只有这些大企业才具有实力，有雄厚的配套资金，只要通过产业政策引导，就能做大做强，就可以充分利用规模经济，打造具有国际竞争力的大型企业集团，提高市场集中度，带动经济增长。另一方面，据媒体资料显示，这些"帝国企业"的背后是影响着日本政治和经济的大型财团，而通商产业省官员退休后到"帝国企业"或大型财团任职也一度成为惯例。所以，通商产业省的这种传统很易形成利益集团，很多资源很难保证得到了公平的分配，政策和基金等资源也很难保证能够向创业创新型中小企业倾斜。例如，通商产业省扶持的超大规模集成电路项目基金只集中于少数几个大企业，而那些创业创新型中小企业很难得到政府的扶持与资助。有经济学家推测，这可能是日本在新经济时代"踏空"而没有产生互联网巨头的深层次原因。而中国都产生了百度、腾讯、阿里巴巴等一大批互联网巨头企业。

其次，造成产能过剩。

因为有产业政策扶持与补贴，为了享受到国家政策支持，很多企业会扩大生产，扩大规模，增加投资。通常而言，如果一些政策在国家层面采取产业补贴政策，那么会诱使各级地方政府在国家政策的基础上，层层追加补贴，导致补贴过度，使更多的企业为了获得补贴而进入某一产业，并因此而形成发展过热，甚至导致企业投资不考虑市场需求状况，最后的结果就是产能过剩。与此同时，还会为"寻租"行为提供空间。这样一来，产业虽然有可能在短期内获得了一定的发展，但是缺乏真正的创新能力和竞争能力，使得原本是好意的产业政策并不能使补贴资金起到扶持产业发展的作用。

实例：日本软件产业政策的变迁

2009 年进入工业和信息化部工作以前，作者本人曾经为日本开发过 10 余年计算机软件。到工业和信息化部伊始，就曾经翻译梳理过日本软件产业政策的变迁。

日本软件产业的初期政策与美国不同，相对于培育独立的软件产业，更注重提升计算机厂商的技术能力。

日本通商产业省将独立软件产业视为政策对象始于 1970
年。当年 7 月，该省的电子工业课拆分为负责计算机产业的"电
子政策课"与负责软件产业的"信息处理振兴课"。同时，公
布了《关于日本信息处理振兴业务协会的法律 (IPA 法)》，
并于 10 月设立日本信息处理振兴业务协会 (IPA)。 之所以如
此，是因为当时的日本政府认为，赶超 IBM 是最重要的课题。
1971 年的《振兴特定电子工业以及特定机械工业临时措置法
(机电法)》制定后，日本政府将 6 家企业分为富士通与日立，
NEC 与东芝，冲电气与三菱电机等三个集团，5 年间对它们
进行了总额达 650 多亿日元的资金援助，快速发展了国产计算
机设备。1974 年，日本国产计算机设备成功后，日本政府才
推进外国计算机企业的资本贸易自由化。1976 年，软件相关
资本等也开始迈向完全自由化。

1977 年 11 月，实现国产化的 6 家公司也开始进行硬件业
务与软件业务的分拆，比 IBM 晚了 8 年。1978 年，日本政府
制定了《促进机械信息产业高级化临时措置法 (机情法)》，
并在当年 6 月，以促进通用软件的销售与收费化为目的，成立
了"软件流通促进中心"。 但是，日本一直没能推进通用软
件的销售。大型机上的软件产品大都来自国外进口，日本国产

软件能够销售的也只有富士胶卷公司以内部使用为目的而开发的，后来被 Software AG(现 BeaconIT) 销售的自动应用管理软件"A-AUTO"。可以说，日本软件产业的特征主要是外包开发的软件较多，进口软件产品进行销售，自主开发，产品化则非常少见。

经济泡沫破灭后的 1992 年，日本软件产业的危机感顿时高涨。日本通商产业省的专家委员会在这一年的 12 月公布了《紧急提示：软件新时代》，提倡尽快调整重视硬件的传统方针，敦促调整信息服务产业的发展结构。为了摆脱以"人月"为单位的按照技术人员工作量来计算软件费用的模式，日本政府强化了以培育软件产品与系统集成服务为目的的政策。但直到现在，产业结构调整也没有得到有效落实。

"日本产计算机"的培育政策	以硬件厂商为主的产业培育政策		软件产品与服务产业的培育政策	开放式网络	基于IT的结构调整
		培育系统集成商			
· 开始实行信息处理技术人员考试（1969年）	· 启动第五代计算机项目（1982年）	· 启动 Σ 项目（1985年）	· 公布促进软件发展的建议（1992年）	· 电子商务认证推进协会（ECOM）成立（1996年）	· e-Japan 战略确定（2001年）

·日本IBM确定分拆（硬件与软件的售价独立）（1970年）	·PC普及、OA化	·通信自由化/开始VAN服务（1985年）	·开设外包认证制度（1993年）	·2000年千年虫问题	·住宅基本信息网络上线（2002年）
·软件行业组织IPA成立（1970年）	·UNIX开始商品化，日文版UNIX计算机开始销售	·软件的法律保护，修改著作权法（1995年）		·未开发软件的创造事业（2000年）	·IT技能标准公布（2002年）
·6家国产软件公司分拆（1977年）	·准备第三次在线化	·信息处理技术人员派遣（1985年法律环境）		·宣布新增IT协调员认证考试制度（2000年）	·日本OSS推进论坛设立（2003年）
·IPA法公布（1978年）					·IT新改革战略公布（2006年）
					↓
				↓	2001年~
		↓		1990年后半期~2000年	·开源
		↓	1990年代上半期	·互联网数据中心（IDC）	·Web2.0
	↓	1980年代下半期	·开源系统集成	·应用服务提供商（ASP）	·从部分优化向整体优化
↓	1980年代上半期	·系统集成	·系统管理	·企业资源计划系统（ERP）	·产业价值链
~1970年代		·VAN	·信息系统外包	·网络安全	·BPR
·外包计算	·程序员派遣		·咨询	·通用计算	
·外包开发	·数据录入		·第三方维护的自由化		

半个世纪后的今天，软件市场迎来了新的转变期。软件提供的大多信息处理功能渐渐过渡到网页上，开源软件进入了普及期，而 SaaS（软件即服务）也呈现出了崛起之势。软件产业已经超过了"软件系统是否要外包开发？""开源还是闭源？""收费还是免费？"的探讨，软件产业的未来发展蓝图被重新改写。

那么，作为高科技产业之一的软件产业未来还会持续发展吗？还是会出现创新性破坏，致使传统软件产业衰退，而诞生新型产业？或者就像嵌入式软件那样，软件产业会消失而仅仅成为某个产品或行业的一部分？

蒂姆·奥莱利（Tim O'Reilly）认为，软件的长期发展趋势有三点：①商品化；②网络化的协作；③ SaaS，软件将从"产品"变为"过程"。

确实存在一些商品化的程序或者控件等软件产品。但是，还有一些未商品化的软件，例如 Amazon 与 Google 根据用户输入而动态响应的网站系统。它们不是一个产品而是一个"过程"。微软的 Word 或许在 10 年后还会被使用，但是互联网时代如果没有类似 Amazon、eBay 那样的不断更新的网站功能，应用软件将无法彻底发挥其功能。软件企业的业务中本身就具备这样的特征——新范式支配下的业务。

没能紧跟这一变化的不仅仅是日本企业。"大型机时代"以 IBM 与 DEC 为代表的美国东海岸是技术与 IT 业务的发源地。但是，"个人电脑与互联网时代"到来后，其领导权开始转移至美国西海岸，尤其是硅谷。IBM 在 20 世纪 90 年代初采取了大规模重组，DEC 也收购了康柏。在赶超 IBM 的路线下，高度依赖大型机的日本计算机厂商的业绩在当时无一例外地出现了恶化。

每个模块都存在专业企业。设计成企业间可共享接口的计算机系统因不对用户加以限制而被称为"开源系统"。IBM通过将市场转向开源系统夺取了领军地位。其过程包括向 Linux 投资 10 亿美元、500 多个自主软件专利的开源化等，先于竞争对手采取了致力于开源的举措。从企业内向企业间开展合作，还重视将创新的发源地转移至以技术人员为主要组成的开源社区。

启示：政府主导模式的缺陷——技术创新的不确定性

技术创新的成败取决于诸多复杂的因素，而政府主导模式将放大"不确定性"。"技术创新的不确定性"对于政府主导的模式一样有效，甚至有时这种放大的破坏作用更是惊人。

在日本经济高速发展时期通商产业省主导产业技术发展方向都取得了成功，通商产业省成功的秘诀就是通过选择主导产业，促进和扶持主导产业迅速成长，实现推动产业结构调整和产业升级。随着日本企业的创新能力的提高，日本企业应对世界科技变革的响应能力也在增强，而日本通商产业省作为行业主管机构并没有及时调整和转换在创新体系中应该扮演的角色。由通商产业省主导技术创新或许在二战后日本经济恢复时期起到了很大作用，在经济追赶阶段是十分必要的，而在日本经济高速发展之后，技术创新的不确定性越来越大，通商产业省不可能做到面面俱到。在创新系统中应该作为创新主体的企业依然处于从属地位，通商产业省仍然处于主导地位。这样一来，政府机构体制机制的落后，明显缺乏对市场趋势变化的快速响应能力，尤其是信息技术革命时代所带来的"技术创新的不确定性"的破坏性，使得政府主导模式的缺陷导致了通商产业省神话的终结。

信息技术革命既是机遇，也是挑战。从20世纪70年代开始，通商产业省的软件产业政策不断出现新的变化，不断地顺应技术变革，强调科技对产业结构调整的先导作用。在通商产业省制定的软件产业政策中，大力发展第五代电子计算机、系统集成商等下一代信息产业基础，选择了多个技术前沿领域，还制定了 e-Japan 和 IT 新改革战略等雄心勃勃的技术跨越计划。

　　但是，通商产业省并没有准确把握信息技术革命浪潮的方向，由于第五代计算机计划与以美国硅谷为代表的国际市场主流应用和技术路线不尽相同，而逐渐边缘化，与国际市场失之交臂。由此导致了如今日本电子企业的风光不再，也错过了互联网浪潮大发展的绝佳时机。

第三篇

制定产业政策需要新思维和新科技 >>

　　虽然日本"失去了二十年",但日本的经验和教训是其他国家的宝贵财富。改革开放之初,我们更多地学习日本的经验。"产业政策""政府主导"这些最早由日本通商产业省提出的概念也早已融入到我们的宏观管理和政策制定之中。目前,"日本模式"已经进入一个新的转型时期,我们是否也应该对"政府主导的市场经济"的模式进行反思呢?既然大部分产业政策不受认可,如果过去的做法不改变,新的产业政策获得好的结果的可能性也不大,甚至有产业政策还不如没有产业政策。所以,无论是学者还是官员,在考虑制定新的产业政策之前,都应该对过去不成功的做法进行很好的总结和反思,提出一些切实有效的改进办法。

第一章 顺应范式的转变

当前制造业正面临着新的范式转变。首先是，从"物理"到"信息"。以往，每当提及制造业，恐怕都认为是各种零部件构成硬件产品的核心。但是，随着封装化、数字化的进展，零部件生产加工技术加速向新兴市场国家转移，随之而来的是零部件本身的利润难以维系。因此，发达国家制造业开始更加注重通过组装零部件进行封装化，将部分功能模块化，将系列功能系统化，来通过服务提升附加价值。也就是说，未来制造业不是"卖产品"，而是"卖服务"。

还有，从"群体"到"个体"。在发达国家，以规模化为对象的量产制造业将生产基地转移至新兴市场国家，以定制化为重点的多种类小批量制造业渐渐成为主流。未来发达国家制造业就像许多专家的共识那样，将在"大规模定制"的潮流下，根据多种多样的个性化需求来定制化生产。按照定制进行生产，将会有效贯彻供给侧结构性改革，必然不会发生"产能过剩"的现象。

同时，消费者本身也将有能力将自己的需求付诸生产制造。也就是说，"大规模定制"随着以 3D 打印为代表的数字化和信息技术的普及带来的技术革新，对制造业的进入门槛将降至最低，不具备工厂与生产设备的个人也能很容易参与到制造业之中——这样将在一定程度上带动"大众创业，万众创新"。当然，制造业进入门槛的降低，也意味着一些意想不到的企业或个人将参与到制造业，从而有可能对商业模式造成更巨大的变化。

还有一些基本性问题，如当前我国工业化和信息化两化融合的必要性、紧迫性、艰巨性以及推动深度融合的方向、重点、路径、方法等，不同行业、不同企业之间仍然存在不同认识。类似的重大情况变化和基本性问题，都亟待"新产业政策"来引领行业、企业的转型发展。

第一节　国际分工在变

相对而言，许多发展中国家正处在工业化的发展进程之中，经济的崛起必定首先依托制造业。"新工业革命"在带来诸多挑战的同时，也将为发展中国家的新一轮制造业发展提供许多难得的"契机"。

提到制造业，不得不提微笑曲线。微笑曲线是宏碁集团创办人施振荣于 1992 年提出的著名商业理论，因其较为贴切地诠释了工业化生产模式中产业分工问题而备受业界认可，已经成为诸多企业的发展哲学。

微笑曲线将一条产业链分为若干个区间，即产品研发、零部件生产、模块化零部件生产、组装、销售、售后服务等，

微笑曲线

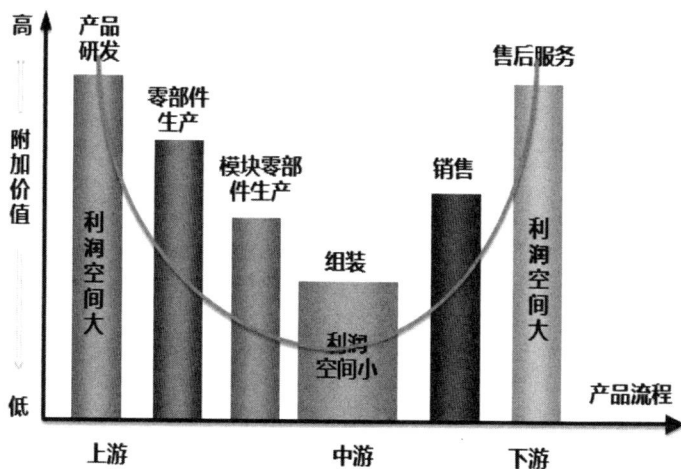

图 3-1 微笑曲线

其中组装，也就是生产制造环节总是处在产业链上的低利润环节（图 3-1）。于是，生产制造环节的厂商总是不断地追求有朝一日能够走向研发设计和品牌营销两端。而在国际产业分工体系中，发达国家的企业往往占据着研发、售后服务等产业链高端位置，发展中国家的厂商则被挤压在低利润区的生产与制造环节。在国际产业分工体系中走向产业链高端位置，向微笑曲线两端延伸，已成为发展中国家的制造厂商们可望而不可即的顶级目标（图 3-1）。

以前，许多发展中国家制造业技术含量不高，一直处于国际产业价值链的低端环节。企业以大规模生产、批量销售为特征，通过规模化生产，提供标准化产品，获取行业平均利润，各企业按其所处研发与设计、生产与制造、营销与服务的产业分工位置，分享价值。处于"微笑曲线"两端的研发与设计、营销与服务是利润相对丰厚的区域，盈利模式通常具有较好的持续性；而处于"微笑曲线"中间底部区域的生产与制造只能无奈地维系相对较少的利润，而且由于技术含量低，进入门槛也相对较低，致使竞争更为激烈，可替代性强，从而又进一步挤压了利润空间——这就是"工业 3.0"时代的国际分工模式。

但是，随着信息技术和互联网、电子商务的普及，制造业市场竞争的新要求出现了变化。传统制造业的模式是以产品为中心，而未来制造业通过与用户互动，根据用户的个性化需求，然后开始部署产品的设计与生产制造，消费者、经销商、工厂、供应链等各个环节利用互联网技术全流程参与。

过去的制造业只是一个环节，但随着互联网进一步向制造业环节渗透，网络协同制造已经开始出现。制造业的模式将随之发生巨大变化，它会打破传统工业生产的生命周期，从原材料的采购开始，到产品的设计、研发、生产制造、市场营销、售后服务等各个环节构成了闭环，彻底改变制造业以往仅是一个环节的生产模式。在网络协同制造的闭环中，用户、设计师、供应商、分销商等角色都会发生改变。与之相伴，传统价值链也将不可避免地出现破碎与重构。无疑，这给了许多发展中国家参与到国际分工中高端环节的机会。

"新工业革命"时代，未来的工业体系中，将更多地通过互联网技术，以网络协同模式开展工业生产，以开发能够完全适应生产的产品，这种适应性将使企业在面对客户的需求变化时，能迅速、轻松地做出响应，并保证其生产具有竞争力，能满足客户的个性化需求。制造业企业将不再自上而下地控制生产，不再从事单独的设计与研发环节，不再从事单独的生产与制造环节，也不再从事单独的营销与服务环节了。与之对应的是，企业、客户及各利益方通过互联网，广泛地、深度地参与到价值创造、价值传递、价值实现等环节，客户得到个性化产品、定制化服务，企业获取利润。制造企业从顾客需求开始，到接受订单、寻求生产合作、采购原材料、共同进行产品设计、制订生产计划以及付诸生产，整个环节都通过网络联结在一起，彼此相互沟通，而信息会沿着原材料传递，指示必要的生产步骤，从而确保最终产品满足客户的特定需求。

微笑曲线理论的分工模式下，企业通过规模化生产、流程化管理，提供低成本的标准化产品，获取竞争优势，企业的规模和实力发挥着决定性作用。而"工业4.0"将推动产业链和价值链的重塑，引导发达国家寻找新的市场和发展空间，促使发展中国家进行产业升级，弯道超车。也就是说，随着"新工业革命"的发展，价值链中的各个环节将共同创造价值、共同传递价值、共同分享价值。这样一来，对制造业"微笑曲线"这个价值链进行一次颠覆性的重塑——告别微笑曲线，这是"新工业革命"时代，未来制造业的必然趋势——产业竞争优势整合重组。（图3-2）。

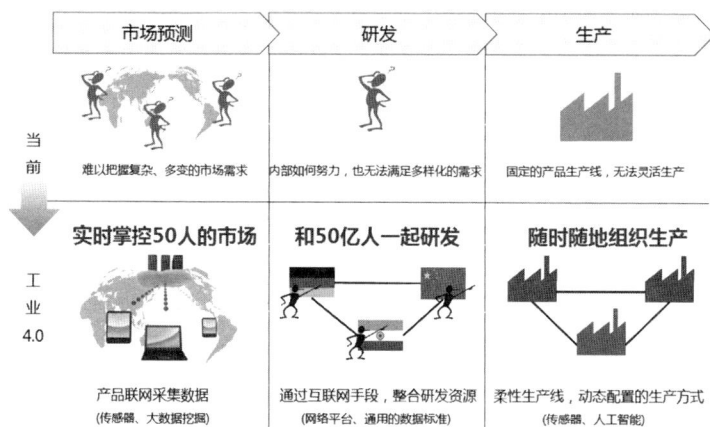

图 3-2 国际分工的变化

（1）竞争重点聚焦于对用户需求的及时响应。基于产品差异化战略与低成本的生产方式的并行，能否及时响应用户需求对企业生存和发展至关重要。在这个过程中，消费者也将呈现出不同类型，例如传统型消费者关注产品本身及其性价比、体验型消费者青睐新技术的应用开发、新潮型消费者则注重新功能等。以此为契机，依据不同需求进行迅捷交货，保障高效、优质市场供给，才能够增添更多的竞争优势。

（2）研发设计、生产制造的区域化分工转为一体化。新工业革命中，智能机器人的大规模使用将会降低劳动力的作用，特别是随着 3D 打印机及相关设备的大范围应用，以往一些强调廉价劳动力、以组装制造为重点的生产区域将会失去竞争优势。与之相反，为了贴近用户并及时响应需求，设计人员与生产人员两者会趋向集中于同一区域进而实现"零距离"的互动，随时随地地组织生产，使得现有产业的区域化布局分工发生重大改变。

第二节　市场结构在变

产业政策必然要顺应市场。从消费需求来看，模仿型排浪式消费阶段基本结束，个性化、多样化消费渐成主流，行业主管机构更难选择应该培育什么消费产品、不应该培育什么消费产品。而从投资需求来看，传统产业投资相对饱和，新技术、新产品、新业态、新商业模式的投资机会大量涌现，但是新的投资机会也意味着更大的不确定性，行业主管机构更难确知哪些新产品、新业态、新商业模式会成功并成为市场的主导。而从技术与供给层面看，随着整体技术水平向技术前沿逼近，在新兴技术和产业领域已经没有可供借鉴的发达国家成熟经验，面临着与发达国家同样的高度不确定性。

也就是说，新工业革命会给未来产业和经济发展在新产业、技术、市场、业态、生产方式与组织方式等方面进一步带来高度的不确定性，这使得基于传统产业发展经验的选择性产业政策完全失去了作用的基本前提。

G7 是指七个最发达的工业化国家（美国、日本、德国、英国、法国、意大利和加拿大）。历史经验表明，美国、日本、德国、英国、法国、意大利和加拿大等 G7 国家都是通过把握前三次工业革命的机遇而成功的（图 3-3）。

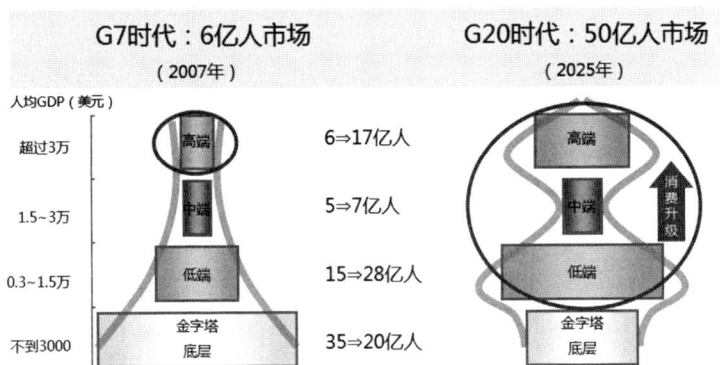

G7时代：6亿人市场	G20时代：50亿人市场
（2007年）	（2025年）

资料出处：日本野村综合研究所(NRI)，作者改译

图 3-3　G20 市场规模预测

G7 时代，几乎所有的制造业企业都向往 6 亿人的高端消费市场。而随着 G20 各国消费者消费能力的提升，到 2025 年时有望形成 50 亿人的高端市场，智能产品、智能硬件将大规模涌现（图 3-3）。智能手机、可穿戴设备之所以能够成功，不仅仅因为它们是新事物，更重要的是紧随其后的消费文化

转变和社会转型——"工业3.0"是G7的时代，"工业4.0"是G20的时代!

规模与成本的关系

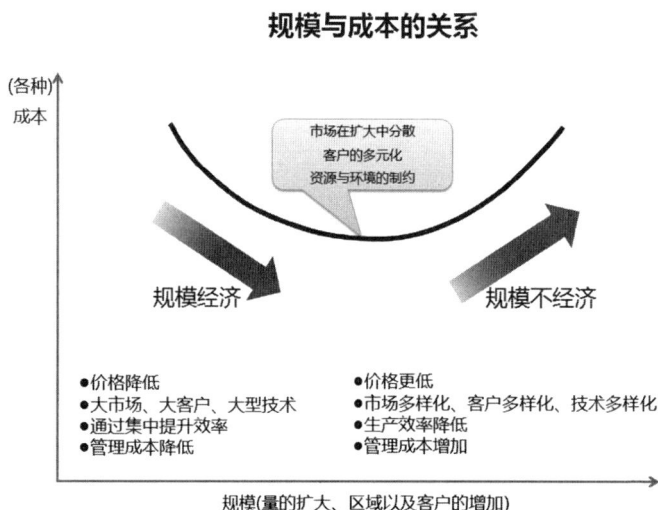

图3-4 规模不经济

与此同时，随着市场多样化、客户多样化、技术多样化，使得生产效率不断降低，管理成本不断加大，由此会形成所谓的规模不经济（Diseconomies of scale）现象（图3-4）。所以，在市场格局的条件下，产业政策也应以市场为导向进行调整，应参照国际、国内两个市场结构的变化，发挥国际、国内两个市场在优化和配置经济资源中的基础性作用，提升产业的国际竞争力。

第三节　产业结构在变

很多人从电子产业角度，开展对产业政策的探讨。电子产业市场当今正在发生翻天覆地的变化。目前的消费者随着互联网的普及，能够自己获取大量的信息，还拥有自己传播信息的能力。而且需求正接近饱和。那样一来，未来制造业就不再是单纯地"卖东西"了，还要考虑引导消费者如何来使用产品。也就是制造业服务化将成为主流。在这种大趋势之下，应该推出什么样的产业政策呢？

大规模制造时代，传统的制造环节利润空间越来越受到挤压。所以，从发达国家发展先进制造业的战略规划中均可以看到，制造业的概念和附加值正在不断从硬件向服务和解决方案等无形资产转移。相对于传统制造业，如今的制造业，服务对产品功能、控制产品等构成更大影响。同时，与以往的硬件产品所不同，目前的制造业中，对产品附属的服务或者基于产品上面的解决方案的需求正在快速增加。

对服务、解决方案业务的认识，在美国、德国、英国都已经很普遍。美国的大型企业倾向于对服务、解决方案进行行业标准化，并向新兴市场国家推广。美国通用电气公司（GE）

在医疗服务中的举措可谓是一个典型案例。德国、英国则通常是通过销售的咨询化使得"制造业服务化"得以成功。

在发达国家，以规模化为对象的量产制造业将生产基地转移至新兴市场国家，以定制化为重点的多种类小批量制造业渐渐成为主流。未来发达国家制造业就像许多专家的共识那样，将在"大规模定制"的潮流下，根据多种多样的个性化需求来定制化生产。同时，消费者本身也将有能力将自己的需求付诸生产制造。

也就是，"大规模定制"随着以 3D 打印为代表的数字化和互联网等信息技术的普及带来的技术革新，对制造业的进入门槛将降至最低，不具备工厂与生产设备的个人也能很容易地参与到制造业之中。制造业进入门槛的降低，也意味着一些意想不到的企业或个人将参与到制造业，从而有可能对商业模式造成更大的、巨大的变化。

"个性化"首先是美国大力推进的。在美国的文化背景下，个性要比组织色彩强烈。制造业的"个性化"趋势不仅仅是美国制造业回归，制造业回归还将带动旧金山等大城市内的制造业盛行，一些专注于通过信息化的驱动使得生产工程高效化、专业性的小规模手工制作的制造业将在市区内盛行，它们根据消费者的需求进行柔性的定制化服务，凭借优越的设计性，与大量生产形成差异化竞争。

所谓服务型制造，就是增加产品附加价值，拓展更多、更丰富的服务与解决方案。因为，相对于硬件，产品内置的软件、附带的服务或者解决方案通常是无形的，都是"看不见"的事物，所以称之为服务型制造。

服务型制造中，不再将"产品"生产视为制造业，认为"服务"在制造业中不断发挥主导作用，产品产生的服务或解决方案对制造业的价值带来巨大影响。所以，未来的制造业需要放弃传统的"硬件式"的思维模式，而要从服务产生附加值的角度去发展制造业。未来，服务在整个制造业价值链中所占的比

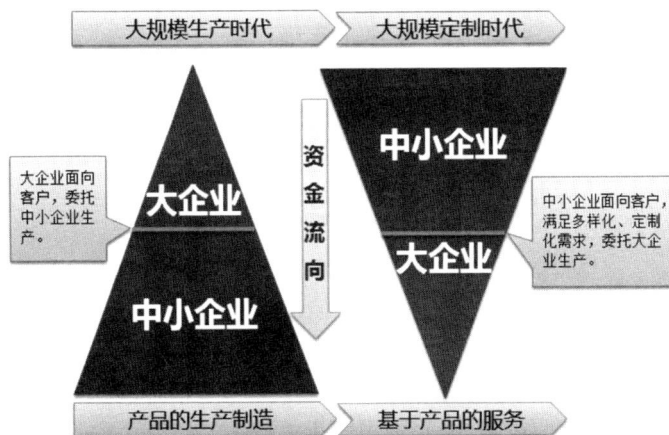

图 3-5　资金流向的变化

重越来越大，呈现显著的增长趋势。未来制造业企业向顾客提供的不再是单纯的产品，而是各种应用软件与服务形态集成于一体的整体解决方案（图 3-5）。

以大规模量产的硬件为中心的制造业随着模块化的进展和生产设备技术的一体化，很容易进行技术转移，进入门槛低，以至于许多发展中国家都可以快速推进工业化进程。但是，近年来，发达国家不断用软件定义产品功能和性能，增强对以服务为主导的制造业创新的重视程度，使得制造业产品产生价值的来源从硬件转换到了以服务为主导，从而也提高了制造业的准入门槛。

电子产品就是一个典型代表案例。如今的电子产品中大多预装操作系统，嵌入各种软件功能，许多电子产品通过联网还能够安装更多的应用软件（APP）。目前，就连传统的制造业领域，汽车产业也不断体现出软件是决定产品价值的重要因素。例如，为了实现汽车的低耗油驾驶，需要由软件来协同控制汽车零部件中的各种硬件的技术模块化，软件的效果好坏直接影响到汽车的油耗。更进一步，许多发达国家正在积极开发自动驾驶汽车，在自动驾驶汽车时代，软件在汽车中的功效比重无疑将会进一步大幅提升。

美国企业的软性制造方面的趋势最为明显。GE、IBM 等美国企业从很早就开始重视服务的作用，GE 跳出制造业的思维模式，致力于软件投入。目前的 GE 也已经是一个数据分析、软件公司了。IBM 在这一点上更为领先，认为管理海量数据的时代即将到来，因此极为重视公司在数学上的解析能力。

在欧洲的产业政策中，也很早就意识到未来制造业产生全球化竞争能力的根源是软件。在欧盟的框架计划中，为嵌入式软件的基础研究项目（ARTEMIS）投入高达 27 亿欧元。西门子、博世等大型企业摇身变为了 IT 企业。

发达国家制造业的趋势中，对售后服务、客户服务和解决方案业务的应对极为重视。未来制造业的商业模式，将不仅仅是销售硬件，而是通过销售出的硬件产品的维护等售后服务

图 3-6　从金字塔形到沙漏形

以及提供各种后续服务，来获取更多的附加价值，其商业模式将是以不断解决顾客问题为主。

（1）产业边界模糊化。从金字塔塔尖上将诞生服务提供商和定制化工厂，从而形成沙漏形产业机构（图3-6）。一方面，生产性服务业进化为制造业的主要业态，其主要业务涵盖研发设计、物流配送和营销服务等方面，两者得以深度融合；另外，对就业结构来说，生产环节中新型设备的使用代替了人工劳动力，制造业环节当中的劳动力需求相应减少，与此同时，伴随着服务业成为制造业主导内容，制造业的主要就业群体将聚焦于能够为其提供相应服务支持的专业化人士，这样一来，二、三产业的相对就业结构就会改变。在此条件下，低端生产工人的重要性显著下降，高端化的专业服务供给者的角色分量加重。

（2）产业组织网络化。一方面，企业把其内部纵向链条上的生产过程向外分离，转而冀求外部供应方来供给所需产品、配套服务或应用活动，形成纵度分离；另一方面，原来的竞争对手由于产品、业务、技术的横向联络而组成一种协同竞合的网络化关系。企业外部边界的模糊化使产业组织与外部市场融为一体，并延伸到市场内部的各个方位。与网络化相对的是企业内部组织结构出现扁平化的发展趋势，表现为结构和层次简化，组织当中的等级差异被淡化，整体更具弹性和张力，有利于信息的多重传递。

（3）产业集群的虚拟化。基于多元信息、丰富通信手段及宽广网络平台的综合效应，产业集群的集聚范围、形式表达和内容结构会发生变化，传统意义上地理集群的空间局限被逐步突破并演变成为网络化集聚。充分利用网络经济创造出的先进信息和技术支撑系统，各类型的产品和服务能够在虚拟环境下再造。虚拟产业集群中的企业反应尤为敏感，能够在短时间内低成本高效率地整合各种资源，开放性与灵活度非常高。这种新的资源配置方式会一定意义上影响产业内部组织结构，中小企业和个体从业者可以通过虚拟产业集群打破资源、原材料依赖困境，从而以较低的成本高效推进新产品的制造。

产业结构从制造业转向服务业过程中，随着互联网、机器人技术等应用范围的扩大与深化，新工业革命正在带来新产业结构的调整。为了适应新时代的发展和产业结构的发展方向，应对政策首先就要跟得上，就必然要仔细地分析和思考如何制定产业政策。

第四节 产品属性在变

以往，每当提及制造业，恐怕都认为是各种零部件构成硬件产品的核心。但是，随着封装化、数字化的进展，零部件生产加工技术加速向新兴市场国家转移，随之而来的是零部件本身的利润难以维系。因此，发达国家制造业开始更加注重通过组装零部件进行封装化，将部分功能模块化，将系列功能系统化，来提升附加价值。

模块化是将标准化的零部件进行组装，以此来设计产品，从而能够快速响应市场的多样化需求，满足消费者的各项差异化需求。以往，在产品生产过程中，需要付出很多时间和成本，如果将复杂化的产品通过几个模块进行组装，就能够同时解决多样化和效率化的问题。

但是，模块化本身不过是产品的一项功能，未来制造业将更加重视在通过模块化和封装化的基础上进行系统化，拓展新的应用与服务。如果以系统化为主导，就能相对于"物理"意义上的零部件，获取更多的带有"信息"功能的附加值。相反，如果不掌控系统的主导权，无论研发出的零部件的质量和功能多么好，也难以成为市场价格的主导者（图3-7）。

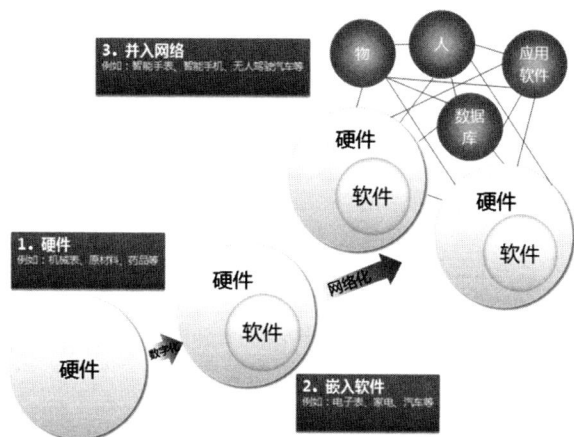

图 3-7 产品属性的变化

美国企业一直在研发与设计等价值链的上游部分获取附加价值，就是体现了面向系统的思维模式。位于价值链上游的企业为了汲取附加价值，不应面向零部件，而应面向系统来掌控市场。GE 的核心技术就是系统，该公司在 20 世纪 80 年代已经向能源系统公司转型，如今，那时积累的成功经验无疑将应用到 GE 大力推广的医疗服务等领域之中。德国提出的"工业 4.0"战略中，核心就是物理信息系统（CPS），德国的西门子、博世等大型企业对系统化也已经有了高度的认识。其中，博世公司推出了基于 AUTOSAR 国际标准的封装系统，正在大力开拓印度、中国等新兴市场。

例如，美国通用电气（GE）的"工业互联网"与德国"工业 4.0"总体上都是希望将制造过程整体性"可视化",来大幅提升制造业生产效率。从产业政策变迁来看,以美国为代表的发达国家开始重视通过市场竞争,提升资本运行效率,而重视竞争政策。主要是采取政策,促进企业参入市场,在同一市场内,企业间互相竞争,来提升市场和产业整体的资本效率。

但是,第四次工业革命时代,即便是没有市场竞争,也可以通过"可视化"来提升资本效率。通过"可视化",企业能够把自己的过去和将来做对比分析,通过基准化分析,赶超未来的自己。也就是,企业通过与过去的自己相竞争,就能够提升资本效率。传统市场竞争中,同行业其他企业拥有生产设备是不可或缺的,所以,从产业整体来看,拥有过剩资本是通过竞争政策提升资本效率的不可或缺因素。"可视化"的新工业革命中,不再需要其他企业的生产设备,资本更加瘦身化,从市场产业角度来看,资本运行也将提高效率。

物联网与人工智能融入到企业业务核心之后,一直以来的企业竞争的方式将发生很大的改变。互联网以前时代,竞争企业之间业务模式差别不大,竞争的是对消费者满足程度的优劣。互联网后时代,基于全球市场下,设计竞争平台的企业才能胜出。

第二章　启用跨界的人才

政策制定能力是政府整合高质量的信息、资源的能力，也是政府履行自己职责所必须具备的能力。

近年来随着科技在现代经济发展中所起的作用越来越重要，发达国家更加重视采用功能性产业政策促进科学技术的研究、开发。而在中国的产业结构政策中，政策部门则试图从各个行业中挑选出需要重点发展的先进技术、工艺和产品进行扶植，并挑选出落后的技术、工艺和产品进行限制和淘汰。政策部门需要对上百个细分行业中众多技术、工艺和产品的前景、经济性与市场进行准确的判断和预测，而这是一项政府部门根本不可能完成的工作，以科技研发中的外部性为依据很难支持这些政策的合理性。

如同张维迎教授所说，政府官员不具备企业家的警觉性和判断力，不能依靠官员来制定产业政策。"如果官员意识到某样技术的重要性，那这个技术一般已经过时了。"产业政策要想成功，意味着政府要有能力比市场上的其他主体更准确地预测哪些行业更重要，并给相关企业更多政策上的优惠和资源上的倾斜，从而产生"四两拨千斤"的效果。张维迎教授还举了个例子，此前有段时期政府曾大力发展显像管技术，投资了数十亿美元花在显像管的生产线上，结果还没装配好，技术已经过时了，显像管完全被淘汰了。再比如，特斯拉实现电动汽车的模块化电池了，我们还要大规模扶持汽油发动机、柴油发动机吗？云计算都来了，我们还要扶持基础软件吗？那制定产业政策能不能靠企业家呢？也不行，张维迎教授举例称，假如1990年美国任命比尔盖茨负责制定产业政策，那么互联网肯定会遭受重大的打击，因为当时比尔盖茨只在乎个人计算机，而不看好互联网。

既然很多人都怀疑官员制定产业政策的能力，那我们的确应该反思对照，应该提升制定政策的能力和水平。

在政策制定上，政府机构往往是"后知后觉"。究其原因是，许多政策制定者没有企业尤其是民营企业的工作经历，不懂技术和流程。尤其是，目前是一个跨界的年代，新工业革命融合了机械、自动化、电气等"硬件"，还包括云计算、大数据、互联网等"软件"。这样一来，未来的行业主管部门领导干部既需要有宏观视野，懂产业、懂经济，还需要有微观经验，懂技术、懂生产，甚至还需要有国际视野，精通外语，这样才能够第一时间把握前沿趋势，推出"新产业政策"，把握新工业革命机遇。也就是说，就政府主管机构而言，只有具备这种跨专业、跨领域、跨学科的人才，才能胜任新工业革命背景下的行业管理工作。但是，这种跨界人才的招募和培养谈何容易？这恐怕也是未来国家经济社会发展的一大挑战——在跨界时代，没有跨界人才来领军，如何制定"新产业政策"呢？

所以，就政府机构领导干部人才储备而言，亟待一种新的人才培养方式，要将引进与培养相结合，积极挖掘招募跨界人才，充实高端跨界人才的储备。

第三章 遵照科学的循证

近十年以来，"循证决策 (evidence-based policy making)"一直是学术界关注的焦点之一。循证决策在医学、教育、社会福利等领域的已经取得很多应用成果，而在产业政策领域的应用则不多见。在政策制定过程中，系统地认识循证决策，了解其内涵与构成要素及其特征，有望提升政策的合理性。

第一节 循证医学的启发

循证医学强调三个方面：临床证据、医生的个人经验、患者的实际情况和意愿（图3-8）。

无论是医生，还是病人，都经历过看病中经常遇到的困惑。同一种疾病，表现出的症状却有所不同；针对某一疾病的特效药，可能对张三有效，而对李四则未必起作用；患者的情况不

循证医学模式

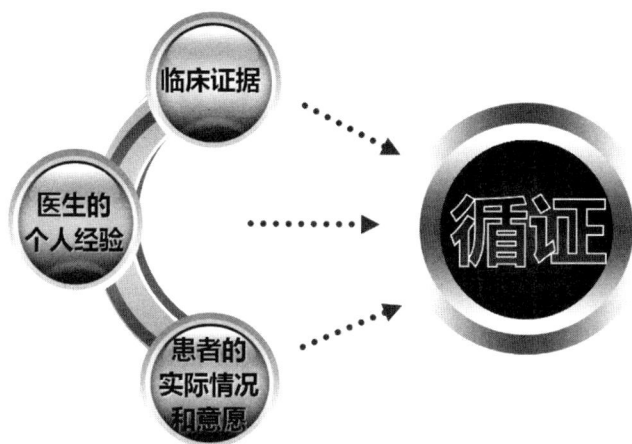

图 3-8　循证医学

同，同一套治疗方案，治疗效果可能截然不同。

　　所以，医生要把三个方面整合起来，寻找针对特定患者更为科学、更加可靠的诊断方法，制定更为有效、更加安全的治疗方案。

　　资料显示，古今中外，临床医学的实践过程就是收集证据，医生利用其专业知识对患者进行诊治决策的过程。循证医学作为一种新的临床医学实践模式，将当前可得到的临床证据作为诊断依据，医生的专业知识作为技术保证，患者的利益和需求作为医疗的最高目标规定为其三原则。按照提出问题、检索证据、评价证据、应用证据和后效评价五个步骤践行循证医学。

1. 临床证据

主要是指有效的、与临床相关的研究证据。这些证据可以来自于基础医学的研究，但更主要的是来自于以病人为中心的临床研究，如关于诊断试验（包括临床检验）的准确性研究、预后（预测疾病的可能病程和结局）标志物的把握度研究，治疗、康复和预防措施的有效性和安全性研究。来自于临床研究的新证据不仅可以淘汰旧的、无效的诊断试验和治疗措施，而且还能以更准确、更有效和更安全的新措施取而代之。

2. 医生的个人经验

主要是指医生利用临床技能和既往经验快速评价病人的健康状况并进行诊断、估计治疗的可能风险和效益，以及分析病人的个体情况。没有高素质的医生，即使有最佳证据也不可能真正实践循证医学。

3. 患者的实际情况和意愿

主要是指每个病人对其治疗的选择、关注和期望，真正为病人服务的临床决定中应当整合病人的价值观。医疗的终极目的是解除病人的疾患，所以患者的期望、需求和利益是医疗的最高目标。循证医学强调的一个重要原则是"证据本身并不能指导实践，患者的价值取向和喜好起着重要的作用"。

所以说，循证医学是一套具有两大元素的思维方式：首先，愿意把个人信仰和传统观念放到一边，坚持听信事实，并根据事实采取行动；其次，不懈地收集必要的事实和信息，做出更明智、更有见地的决策，跟上新证据的发展步伐，利用新的事实更新实践。

以事实为依据，尽可能依靠大量的统计数据和可观察验证的事实资料进行决策，就会进入一个新境界。用事实代替观念，这就要求放弃"经验做法""公认真理"和"意识形态"。

就产业政策而言，产业政策的作用点在什么地方？究竟作用在企业还是在消费者？是仅对国有企业还是包含外资企业？就需要向企业循证、向消费者循证，还要向欧盟商会、美国商会等循证，以防违反 WTO 原则，涉嫌贸易保护主义。认真仔细地对政策作用力方向进行实证研究，对每一项政策作用力的传导方向、传导方式、传导路径、传导环节和传导过程进行推演，一层层、一步步展开分析论证。产业政策是否合理？产业政策效果如何？就需要向市场循证、向社会循证。

第二节 循证决策出现的背景及其影响

资料显示，循证决策的理念可以追溯到英国的布莱尔政府，但直到目前为止，学术界对此尚存在一些争议。1999年，布莱尔政府公布了《政府现代化白皮书》，在明确政府的未来愿景和核心目标的基础上，提出了五项关键承诺（政府现代化的五个着力点），其中第一个着力点就是突出公共政策的战略性和前瞻性，不让政策沦为现实市场压力和技术创新的一种被动式应付。

为此，《政府现代化白皮书》提出了确保公共政策的战略性和前瞻性的七条"核心原则"：(1) 围绕共同目标和明确界定的结果设计制定政策，而非囿于组织结构和职能分工，从而保证决策中的跨部门协同；(2) 充分考虑多种利益相关者的诉求和期望，保证公共政策的包容性；(3) 注重成本／收益分析和影响评估，避免简单化管制给企业增加不必要的负担；(4) 改变被动防御心态，构建相应的渠道和机制，推动政策制定中利益相关者的广泛参与，通过协商改进政策；(5) 借鉴风险评估、管理和交流方面的最佳实践，提高风险管理水平；(6) 前瞻性和开放性思维，事先超越政府正在做的事情，向其他国家学习经验，将欧盟和国际标准融合到政策制定中；(7) 从经验中学习，将政策制定视为一个持续的学习过程，改进理论研究成果和证据的使用，强化改革创新试点的评估、反馈和应用。

《政府现代化白皮书》中"改进证据的使用"体现了循证决策的思想，同年英国政府内阁办公室发布的《21 世纪的专业政策制定》则进一步明确使用了"循证决策"的概念。该文件指出，循证决策意味着："政策制定者的决策（倡议）是建立在最佳的可利用的证据的基础上，这些证据来自一系列广泛资源；所有关键利益相关者都能够在政策发展的初始阶段就参与进来并且经历整个政策过程；所有相关的证据，包括那些来自专家的，都会以一种重要的和通俗的格式提交给政策制定者。"政府现代化的一个主要驱动力是公共服务供给和以证据为基础的政策制定，并将"使用证据"看作是提高政府有效性的一个重要途径。

从此，欧美一些国家开始倡导循证决策理念，并纷纷为此提供组织保障。英国内阁办公室于 1999 年成立了"管理与政策研究中心"，其核心任务是"寻求获取与吸收能够发现的最好的研究证据与管理实践"，从而确保"政策和行动以明智的证据、连贯的思考和牢固的顾客导向为基础"；美国教育部于 2002 年建立了有效教育策略资料中心，主要目的是推动教育研究的证据科学化，"在教育领域中为教育者、政策制定者、研究者和公众提供一种中央级别的科学而可靠的证据资源"。为促进不同政策领域的最佳实践以及部门之间的数据分享，欧美一些国家政府还建立了相应的数据分享机构，比如欧洲国家设立了国家调查数据档案馆，在政策制定时，可以运用随机试验、准试验设计等方法来获取评估数据，包括历史绩效数据、年度绩效计划与报告、财政报告等数据。

（一）为什么需要推进循证决策？

循证决策的核心是使政府的政策更具理性，在经过严格检验而确立的客观证据之上，"通过把可能获得的最佳证据置于政策制定和执行的核心位置，帮助人们做出更好的决策"。在更大程度上，使得循证决策建立在准确证据的基础上，决策过程中增强专业知识的运用，从而实现理性分析和最优项选择，确保政策干预产生最佳结果，同时提高政府的有效性，减少资源浪费，使得公共支出"物有所值"。

为什么需要推进循证决策？据有关资料显示，学术界提出了六条理由：(1) 政策过程高度复杂而且多数非线性，简单地提供相关信息，进而期望决策者据此行动基本上行不通；

(2) 由于信息鸿沟的存在、政府透明性不足、快速反应的需要、政治方面的考虑，加上决策者很少是科学家，许多现有政策多不是以证据为基础；(3) 基于科学研究的证据可以大大提高决策质量，对人民生命产生巨大影响。比如英国海外发展署基于科学研究的干预政策，在加纳成功把受艾滋病感染的儿童的死亡率降低了43%；(4) 对政策实施环境的全方位、深入了解显得越来越必要和迫切；(5) 政策创新者需要新的技能以便对决策实施影响，包括政治技能、沟通技能、整合技能等；(6) 政策创新者需要有强烈意识并安心于自己的角色：从研究者到政策创新者、从研究机构到政策咨询思想库，意味着从学术研究到政策介入的巨大方向性改变，相关主体的职业兴趣和成功评价标准必须随之改变，并要掌握沟通、多学科合作、团队协同等技能。

（二）循证决策的内涵与构成要素

与"循证决策"相关的一个概念是"循证政策"，两者既有区别又有联系：政策制定可以视为一种过程，如果这一过程中严格遵循基于证据的原则就是"循证决策"（证据），其产出就是"循证政策"（政策）。也就是说，循证决策着

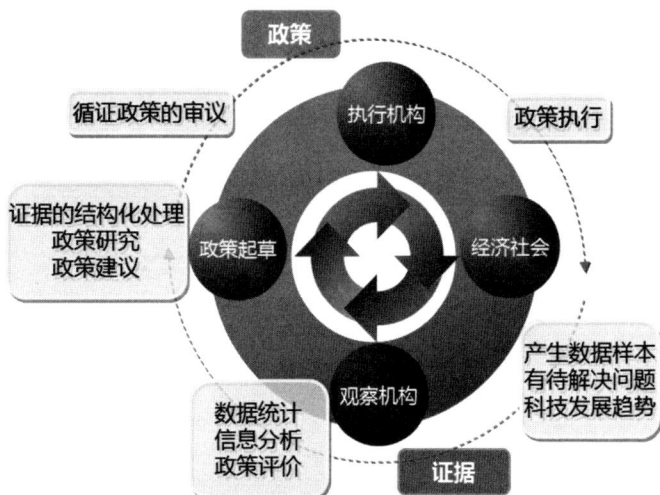

图 3-9 证据与政策

眼于证据整合过程，而循证政策着眼于其政策的制定和产生（图 3-9）。

证据：证据主要来自信息和数据。高质量的政策制定必须依赖高质量的信息和数据，高质量的信息和数据来源广泛，主要包括专家知识、国内外现有研究成果、现存数据、利益相关者咨询、对先前政策的评估、新研究成果，也包括互联网资料以及社交网络数据等。同时，证据也包括对咨询结果的分析、政策选项的成本收益分析，以及经济或统计模型分析的结果。所以，可将"证据特征"归纳为四个方面：(1) 证据不等于信息和数据，而是对信息和数据的加工、整合与分析、挖掘才能构成证据。除系统科学研究的成果外，证据还包括个人经验、专家知识、政治判断、信念和价值观等；(2) 从信息和数据到证据的形成转换不能完全依靠政府官员，需要观察机构、政策起草者的深度介入，需要运用现代科学研究方法和计算机软件等工具；(3) 证据的来源必须广泛，需要对现有相关研究成果进行系统搜集、梳理和甄选；(4) 证据要具有科学性和高质量。

政策：证据本身并不能保证在决策中得到有效使用，因为证据很多时候表现为一种"研究成果"，政策制定者未必能充分读懂这些成果与数据。对此，政府需要与科研机构、企业加强合作，由科研机构来提供切实可行的证据，由政府机构以证据为基础来制定政策。

当前，许多政府主导的政策制定模式显然缺少制定重大决策各参与方的开放对话机制，缺少对市场错误响应的修正机制，政府主导制定的产业政策也没有与市场中的各主体参与者达成良好的共识。

（三）循证政策的制定过程

政策制定过程实质上继承了科学管理时代的理性决策思维，表达了试图通过改进政府获取信息和数据的质量来改善治理的愿望。因此，循证决策将贯穿于产业政策整个生命周期，循证原则主要体现在政策过程的六个阶段：梳理问题、设计对策、事前评价、制定政策、政策执行和事后评价（修改调整）。六个阶段一切以证据为基础，通过阶段式的"政策过程"来加以完善，即某一既定政策被计划、执行、检查和行动等持续努力的结果，形成了理性优化的产业政策（图3-10）。

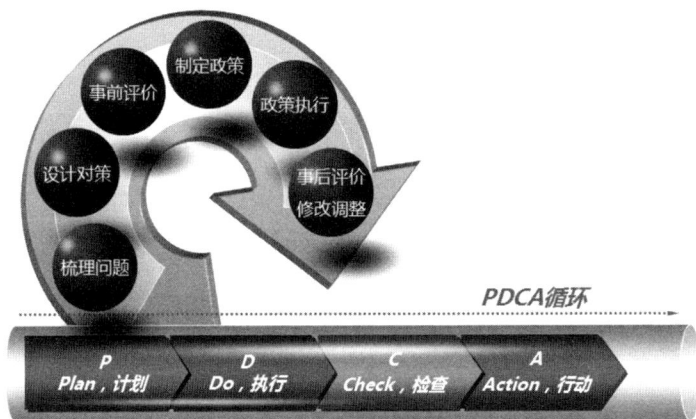

图 3-10 循证政策的制定过程

第四章 参考标准的架构

一方面平台竞争时代最需要的是，与其选择放松管制，不如进行社会系统的再设计（再规划）。如何搭建取胜所需的竞争平台，考验规则制定者的想象力。另一方面，比较优势要素、比较优势部门复杂而深刻的变动趋势无疑增加了设计和实施产业政策的技术难度，需要根据不同行业的异质性特征，实施针对性强、包含差别化的新式产业政策。那么，如何制定针对性强、包含差别化的新式产业政策呢？这就需要一个标准的参考架构。

第一节 产业政策与创新政策的系统性

综合来看，产业政策是一国政府为实现某种经济社会目标而采取的手段。广义上讲，产业政策包含产业结构政策、产业组织政策、产业技术政策、产业布局政策等多个方面，甚至

还包括与产业相关的能源政策、环保政策等。产业政策和创新
政策是系统性的：被愿景驱动，由竞争和开放推动。

面向未来的产业政策必须是系统性的，因为它需要源于
社会的目标。如果公民的福利功能对增加的收入，更多的社
会包容性（更少的工资差距），稳定的金融系统和可持续性给
予很大的权重，那么产业政策必须促进这些目标。

创新应该转向社会和生态创新（考虑到政府参与研发的
范围，这是一项可行的任务）。产业政策还应侧重于促进变
革和促进更高收入的能力建设，包括竞争、全球化、教育和培
训。因此，"系统性产业政策"应该由愿景拉动，由竞争推
动（图 3-11）。

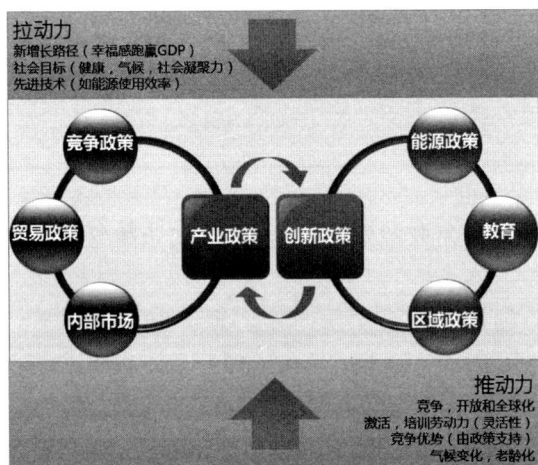

图 3-11 产业政策与创新政策的关系

产业政策成功和失败的标准应该取决于生产力和出口。由竞争政策、能源政策、贸易政策、产业政策、创新政策、教育区域政策等拉动力实现新的经济增长，实现愿景社会目标（健康、气候、社会凝聚力）。所以，"新产业政策"应该具有前瞻性，支持竞争和支持长期社会需求（例如"绿色工业政策"）。它应该是一个综合或系统性政策，而不是与其他政策冲突的孤立的政策。政策措施应该有一个明确沟通的目标，并应仔细监测干预结果。

第二节　三维模型定架构

以往的产业政策大多属于选择性产业政策（垂直型），选择性产业政策源于贸易保护和产业保护的需要，它是指政府通过选择个别企业，并以特别的补贴、税收、金融甚至行政干预等手段促进产业发展目标的实现。这种产业政策存在着由于信息不对称和寻租行为而导致的政府失灵的风险。这种选择性产业政策侧重于纵向的歧视性倾斜，是市场不公平竞争的根源。

而功能性产业政策（水平型）偏向于从宏观角度，通过革新制度环境、完善金融市场、放松管制、资助研发和培训来改善投资环境，促进产业发展。功能性产业政策无疑是必要的，能够更多地鼓励和支持企业间的兼并收购，增加企业的融资来源，为上下游企业间的研发提供更多的产权保护和税收激励，鼓励企业加大在人才吸收和培训方面的投资，但由于缺乏针对性，以至于对于实现既定产业发展目标的作用过程非常缓慢。

从产业政策与创新政策的系统性来看，产业政策的对象不应是针对某些特定产业，而应是聚焦于产业创新能力的建设，通过对技术、市场信息、金融资本、基础设施、人力资本等要素的协调，分担创新活动的风险和成本，以激发企业"创新活力"，从而促进产业创新活动。

那么，如何高效率、高质量的制定某项产业政策呢？笔者提出了一个政策制定参考架构的"三维模型"，如图3-12所示，水平方向表示基于政策动用资源，分为革新制度环境、完善金融市场、放松管制、资助研发和培训等。纵向作为"循证轴"，分为 Plan、Do、Check 和 Action（PDCA 循环）。内向作为"促进创新轴"表示政策的关注点（协调主体要素相匹配、共享信息数据资源、提升国际合作水平和产业集聚与区域创新等）。当制定政策时，可以从这三个角度聚焦到图中的某一格，从而聚焦关键点，进行政策措施的选取（图3-12）。

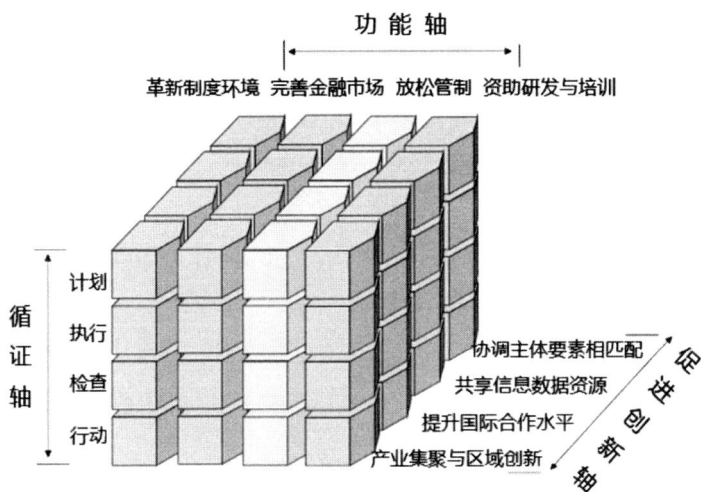

图 3-12 政策制定参考架构（fumi 模型）

重点上，通过促进创新轴（内侧）使政策实施对象变为产业创新能力建设。通过解决制约创新活动的瓶颈，协调创新链上各个要素相匹配，从而促进创新能力建设。支持公共服务体系建设和基础设施建设，促进创新资源有效共享、高效利用。积极开展全方位、多层次、高水平的国际经济技术合作，加大引进国际技术创新资源的力度。促进产业集聚，提升区域创新能力，利用产业集聚的规模经济性，形成比较优势要素和比较优势环节来实现政策目标。这样一来，政策着重于促进创新能力建设，构筑有利于技术创新的市场环境与科技公共服务体系，避免技术创新与市场脱节，规避企业进行低水平、重复性的研发活动，提升整个社会创新效率，带动技术创新成果的转化和转移。激励、支持技术创新与技术扩散也一直是发达国家产业政策最为重要的组成部分，成功追赶型国家（日本、韩国等）在工业化中后期亦将产业政策的重点转移到鼓励技术创新，特别是构建有利于技术创新的市场环境和创新体系方面。

操作上，由之前的选择性产业政策向功能性产业政策转变，通过功能轴（水平）结合基础设施、技术和市场等要素，协调各种资源，由以行政手段为主转向综合运用法律法规、经济政策、经济杠杆等手段规范和引导市场行为；通过准入管理的负面清单模式，由前置审批转向事中、事后监管；通过共享理念的普惠模式，资助共性关键技术的研发和人才的培训。这样一来，通过产业政策更深入地干预产业之间和产业内部的资源配置方式，补充短期的、需求为主的宏观调控方式的不足，不仅能够干预产业之间的关系（如结构关系和关联关系），而且能够干预产业内部的资源配置方式，纠正市场失灵。

方式上，遵照科学的循证，在不同时期、不同阶段，按照PDCA循环，对产业政策进行动态跟踪、适时评估，并依循发展阶段和环境的变化对产业政策进行更新、转换与创新，使产业政策有不断修正、动态调整的续航能力。尽管在制定产业政策之前要对产业结构的变动趋势做出预测，这种预测也可能在一定程度上与实际趋势相吻合，但这并不排除产生偏差的可能性。因此，有必要在出现偏差时进行适时调整。也就是，要根据产业发展以及产业结构变动的信息，适时进行必要的调整。

产业政策有着不同的作用范围、作用特点与作用机制，不能千篇一律、一成不变，必须随着经济环境的变化，对产业政策的重点、手段和实施方式进行不断调整和完善。同时，从时间和空间上看，产业发展有内在规律，产业兴衰过程有形成期、成长期、成熟期及衰退期。所以，政策制定参考架构（fumi模型）仅是一个参考框架，在具体政策制定过程中尚需灵活运用。之所以称为"fumi模型"，是因为作者本人曾为日本开发过10余年计算机软件，而"产业政策"一词也源自日本，为此以其名字中的"文"的日语发音"fumi"命名，以作纪念。

第五章　运用大量的数据

过去有限的数据可能导致政策制定者将先入为主的判断强加在数据之上，而大数据能纠正人为偏差——"让数据自己说话"。大数据时代，必须通过树立大数据理念思维，转变政府决策模式，进一步提升政府决策能力。

（一）化经验主导为数据驱动

随着信息技术的快速发展，各国的政府部门都开始进入大数据时代，与此对应，对于如何把海量的数据利用于政府日常决策，成为提高政府科学决策能力的一个新的研究方向。为了进一步推进政府科学决策体系和决策能力现代化，就必须认真分析大数据时代政府决策过程中面临的机遇挑战，以发挥大数据在政府决策中不可忽视的作用。

大数据背景下，管理者的决策方式将由"经验主导"向"数据驱动"过渡，依靠经验制定政策将让位于精准的数据分析。

对此耶鲁大学教授丹尼尔·埃斯蒂指出："基于数据驱动的决策方法，政府将更加有效率、更加开放、更加负责，引导政府前进的将是基于实证的事实——而不是意识形态，也不是利益集团——在政府决策过程中施加的影响。"

（二）化静态管制为动态完善

政策制定过程中，由于大量的对象复杂多变和不确定性，政府政策中常常因信息不足、数据量不够而导致政策定位不准确。利用大数据处理模式和大数据技术则可以利用动态实时的数据信息进行动态的分析，进而可以容易地分析到对象的需求，然后确立政策的目标和任务，更好地实现产业政策的动态完善。

越来越多的经济运行监测让产业发展态势从模糊变得清晰，政府有机会对产业发展趋势和影响程度进行大规模、精准化研究，并整合与之相关的多领域数据。这些数据的搜集和更新，充分保证了决策者的决策因地制宜、因时制宜。一方面，通过大数据发掘与分析，为决策执行提供可视化、可靠性和科学性依据，一旦决策执行过程与政策目标发生偏差，能够及时进行矫正，避免政策扭曲或执行不力，强化对政策执行的评价力度，有效防止政策执行出现偏离。另一方面，通过搜集政策执行中产生的监测记录能够追踪政策执行过程，使政策制定者能够充分掌握产业进展形势，清醒认识到先前政策的效果，并感知衍生的新问题，减少不确定性，实时调整产业政策，从而让政策的制定者了解政策执行情况，形成一个良好的互动机制。

（三）大数据的甄别同样重要

数据是对目标事物各项可量化指标不断测量和描述的结果。然而大数据对于社会事物的准确再现往往无能为力，因为冗长的数字只是反映事物的一面或者无限地接近事物，但永远无法到达事物本身。更重要的是数据量的增长并非意味着有价值信息的增长，其间往往夹杂着干扰信息和噪声。

任何技术的进步都包含着自己的反面。无论是把大数据单纯作为海量数据的集合，还是一种大数据技术，抑或是一种思维理念，它都在对政府决策主体参与、决策工具、决策者价值观以及决策过程带来机遇的同时又会形成不同程度的挑战。偏爱大数据的决策者常常失去直觉的敏感性，而专注于技术。决策问题的范围随着各种外界变动及其敏感的变量而不断放大。而这都无疑会影响决策者有效决策的能力。

因此，大数据时代背景下，政府要辨析新形势、把握新机遇、采取新措施、迎接新挑战，这既是一个重要的理论课题，也终将会成为实践中不得不面对的现实问题。

实例：四川平板显示产业政策的制定过程

2013 年作者本人曾经负责过一个四川省重大项目领导小组办公室委托的课题研究《四川省推进平板显示产业发展策略研究》（该课题得到了中国科学院欧阳钟灿院士、时任清华大学副校长邱勇和清华大学张百哲的诸多指导）。现将研究过程加以整理，以供参考。

第一步　研究平板显示产业发展状况

新型显示行业作为我国信息技术产业的重要组成部分，是我国电子工业起步最早、分布最广、发展最快、规模最大、市场化和国际化程度最高的行业，对拉动电子信息产业的发展具有支撑性和导向性作用。随着平板显示器件的迅速普及，人们对新型显示技术的需求呈现出爆炸性的增长，几乎是每半年更新一代。在这样的背景下，平板显示器已然成为世界性热潮。此外，由于平板显示器件的生产、推广、维护以及应用对国民经济有着决定性的影响，所以与其他行业相比，平板显示产业具有特殊意义。

平板显示作为新型显示领域最重要的组成部分，在国家的经济发展战略中享有重要的地位。同时，平板显示产业具有功能强大、技术含量高、应用广、价值量大、成长性好等特征，是资金密集型、技术密集型、上中下游产业链联系紧密型的产业。同时，新型显示器件具有技术含量高、占显示终端成本比重高的特征，如占平板电视 70%-80%、计算机的 20%、手机的 10%-20%。此外，平板显示器件的发展整合了微电子、光电子、新材料、光学等多种高技术进步的成果，已成为数字电视、计算机、移动终端等新一代数字化整机产品的关键件，不仅产业本身附加值高、应用广泛，还具有极强的产业拉动效应，可带动上下游 4-5 倍的产出，成为支撑全球信息产业持续发展的新经济增长点之一。

现阶段，国内各级地方政府纷纷看好平板显示产业巨大的投资与产出拉动效应，争相在产业规划、融资支持、土地优惠和财政扶持等方面出台一系列的产业扶持政策，争取吸引大项目落地，各个区域的产业竞争日趋白热化。在当前形势下，四川省平板显示产业既面临着良好的发展机遇，也面临着新的挑战，必须全面制定和落实高技术产业政策、拓宽融资渠道、加强国际与地区交流、加强人才队伍建设、进行体制与机制创新，从而尽快促进四川省平板显示产业聚集、提高四川省平板显示产业的自主创新能力。

第二步 对主要国家或地区的产业促进进行比较分析

在从"CRT（阴极射线管显示技术）时代"向"平板显示时代"转型过程中，显示终端"两头在外"（进口面板、出口整机）发展模式受到挑战，全球几大面板企业掌握面板的价格走势和市场分配，控制资源和价格，进而控制市场，引发显示终端市场不稳定和效益新变数。加速发展平板显示产业是大势所趋和时代的要求，是显示技术发展的必然结果，也是产业发展和保证产业安全的需要。可以说，建立新型显示产业体系已成为继集成电路之后又一个新型产业投资热点，已经引起各国政府重视。

一、日本：政府整合各界力量促进产业协调发展

美国是最早从事 LCD（液晶显示）方面研究的国家，20世纪 70 年代，研发的重心由美国转移到了日本。在 LCD 产业发展的初期，主要依靠的还是企业，日本政府对其支持较少。随着韩国与中国台湾地区 LCD 产业和技术的迅速发展，日本政府才开始整合产业界、学术界等各方面力量，共同从事技术研发工作，促进产业发展。

（一）建立共同研发机制

建立官、产、学、研共同研发机制，包括支持产业界与大学共同研究、政府委托产业界与科研部门共同研究等各种形式。如在开发新一代 LCD 技术方面，2002 年日本经济产业省安排专项经费 153 亿日元，委托日本产业技术综合研究所、夏普公司、日本东北大学等共同开发新的 LCD 制造技术。这些措施都显著地加快了日本平板显示技术与产品产业化的进展。

（二）牵头组建技术研发联盟

2001 年，夏普、东芝、NEC、日立、松下及三菱电机成立先进 LCD 技术开发中心，结合各方的技术与能力共同开发下一代先进的面板制造技术。2003 年，富士通、日立、松下、先锋及 Pioneer Plasma Display 成立了先进 PDP 开发中心，开发生产低功耗 PDP 及低能耗制造工艺，还成立了 SED、3D 显示等技术联盟。

（三）进行专业园区建设

日本青森县、三重县已经成为日本平板显示产业的重要集聚区。青森液晶工业园区以 FPD（平板显示技术）系统、材料、电子零部件、生产制造、评价方法、制造设备等领域为主。三重县工业园区重点发展液晶产业，园区主要有夏普、日东电工、凸版印刷等厂商，目标是将其建成世界 FPD 产业的中心。

（四）大量投入扶持资金

日本是 G7 的成员，日元是世界主流货币，东京又是全球经济中心，所以日本完全有能力满足平板显示产业发展对资金的需求。亚洲金融危机后，日本把 TFT-LCD（薄膜晶体管－液晶显示）技术转移给了台湾，促使台湾 TFT-LCD 产业发展。虽然日本在 TFT-LCD 的投资不如韩台，但是在下一代显示技术研发上的投入十分巨大，这也保证了其在下一代显示技术上的继续领先地位。

二、韩国：政府扮演产业主导角色

韩国政府在平板显示产业和技术的发展上，一直扮演积极的角色。

（一）政府主导产业发展

以政府为主导，建立官、产、学、研资源共享机制。对于平板显示技术开发，韩国政府部门积极介入，企业财团积极投入，政府和企业凝聚共识，形成官、产、学、研资源共享机制。加强平板显示产业的上下游整合，促使各界朝共同提升工艺及降低成本的方向努力，并且进一步聚焦于下一代产品研发及第二代平板显示器的研发和专利策略的布局。

（二）支持多项科研计划和项目

从 1992 年以来，韩国政府支持了多项平板显示的研发及发展计划，成果显著。同时，为了推进平板显示产业的持续快速发展，尽快实现平板显示产业发展的目标，韩国积极推进多个计划和项目的实施。

1. 重点支持 TFT-LCD 和 PDP 的技术研发

1995-1998 年，韩国政府及业界投资约 5000 万美元，用以改善 TFT-LCD 相关的性能、大面积化和量产等特性。电视用 TFT-LCD 面板及 PDP 面板研究被韩国产业资源部列入 7 大研发课题之一，连续 5 年获得每年 30 亿韩元的研发经费支持。

2. 以市场为主导，推动第二代显示技术开发

为了使韩国能在第二代显示技术上占据领先地位，韩国政府制定发展蓝图，并以技术蓝图为基础制定研发计划：10 英寸 OLED（有机发光二极管）研发计划（2001-2006 年，每年投入 40 亿韩元）和次世代平板显示技术开发计划（2002-2012 年，每年投入 200 亿韩元）。两项计划紧密联系，整合推动技

术研究。

（三）提高材料、设备与零组件的技术竞争力

韩国政府支持面板厂与设备厂进行合作开发 LCD 和 PDP、材料和设备，目标是提高设备制造商的技术专业化和大型化，在五年内实现商业化，且在次世代平板显示设备、材料、零组件市场上居于领导地位。

（四）加强产业环境建设

韩国政府为了应对技术开发与商品化的要求，建立了包括显示器件、材料零组件、人才培养等在内的多个中心，并积极加强一些辅助方面的建设。

2001-2006 年，韩国政府投资 51 亿韩元（另由民间负担 21 亿韩元）建立"工程技术开发中心"，主要以 LCD 与 OLED 的工程技术研究为重点，并将其纳入"次世代平板显示研究基础建立计划"；2001-2006 年间推动"零组件与材料中心"计划建设，总经费 461 亿韩元（国家 345 亿韩元，地方政府 71 亿韩元，民间 45 亿韩元），计划内容以 LCD、PDP、OLED 的零组件、材料技术开发为主；从 2003 年开始，推动"人力培养中心""产业信息支持、技术、市场信息、政策、措施相关信息提供数据库中心"等计划的实施。

（五）出台优惠政策

韩国政府重点支持大企业的发展，使得这些企业能够快速实现垂直整合，同时出台相关的优惠政策来吸引国内外投资。韩国政府出台的优惠政策主要包括关税、所得税、投资、研发、人才培养等各个方面。同时由"韩国平板显示研究组合（EDIRAK）"牵头，以获得原创技术为目标，加强与日本、美国等先进国家的合作，并积极参加国际平板显示器标准的制定工作。

三、中国台湾地区：工研院与资本运作发挥关键作用

中国台湾地区在 2000 年后，抓住当时韩国 TFT-LCD 产出超越日本，日本多数公司由于财务困难无法进一步扩大投资的机会，利用已有的产业基础和资本市场运作，突破技术和资金壁垒，后来居上。TFT-LCD 是中国台湾地区相关部门"两兆双星产业发展计划"重点扶持的产业。2007 年，中国台湾地区有 90 多家与平板工业有关的公司，总产值达到 561.8 亿美元，约占中国台湾地区 GDP 的 13%。2010 年，中国台湾地区生产的 TFT-LCD 面板占据了全球生产总量的 40% 以上，

友达、奇美发展成为 TFT-LCD 面板全球五大生产厂商之一。追踪其发展史，工研院的推动作用和友达的资本运作战略发挥了关键作用。

（一）政府政策支持与工研院技术协助

从 20 世纪 80 年代末开始，台湾地区政府为推动平板显示产业的发展，各部门予以通力合作。经济部工业局规划与执行产业发展政策；经济部技术处运用科技项目预算进行技术研发；影像显示产业推动办公室负责解决一切与平板显示产业发展相关的问题；工研院负责开展各种持续前瞻性技术的研发，并将成果转移至产业界。

（二）建设产业园区，形成产业集聚

台湾地区加强科学园区的建设，一方面吸引海外留学人员来此创业，另一方面把这些园区打造成平板显示产业的重镇，形成产业集聚。目前在台湾地区形成了三大平板显示产业集聚区：北部的新竹、桃园地区，中部的台中、云林地区，南部的台南、高雄地区。

（三）出台优惠政策，加强人才、技术、专利等方面的投入

台湾地区对平板显示产业的优惠政策主要集中在税收和

融资方面，在税收方面，不但有相关的减免优惠，而且还运用租税奖励基金参与投资或提供低利率融资、研发贷款，协助厂商上市、上柜以募集资金。

在人才方面，一方面引进海外高科技人才，另一方面加强本地人才培养；在技术方面，运用主导性新产品计划及专项计划，开发前瞻性技术、零组件材料及设备；在专利方面，一是释放法人机构现有专利供民间共享，降低侵权纠纷，二是运用产业研发联盟开发次世代技术，强化专利布局。

四、总结与对比

日本、韩国、台湾地区有着各自的发展模式，有相同点也有不同点，关键是都找到了一条适合自己的发展模式和道路。日本以技术为先导，引领全球平板显示产业的发展，走高端路线；韩国借助国家力量完成技术研发，实施大集团战略；台湾偏重于制造，以下游带动上游发展，走技术引进之路。

日韩台发展模式比较及优劣势分析

	日本	韩国	台湾
发展模式	以技术为先导，官产学研共同研发机制，积极布局下一代显示技术。	大集团战略，借助国家力量完成技术研发，实现产业升级，积极参与国际竞争。	以下游带动上游发展，走技术引进之路，注重工业园区的建设，形成产业集聚效应。
优点	拥有最核心技术和最完整的产业链配套，处于产业链的最上游，引领着整个产业的发展。	拥有较强的研发实力和核心技术，企业实力强大，企业内部实现垂直整合。	技术研发方面风险较小，见效快，经营灵活，工业园的建设有利于产业配套。
缺点	市场方面相对保守，会错失一部分商机。	自主开发速度可能牵制整个产业的发展，见效相对较慢。	难以形成核心技术研发实力，技术上后续发展动力不足。
发展基础	强大的研发实力，完整的产业配套。	较强的研发实力，国家扶持下的企业并购。	大规模的生产经验，政府扶持下的产业园区建设。

数据来源：SIECC。

2015 年底中国大陆 TFT-LCD 生产线状况

公司	地点	世代	基板尺寸(mm)	采用技术	产能 K 片/月	产能 万 m²/年	产品	备注
京东方	成都	4.5	730×920	a-Si	45	31	中小尺寸	
	北京	5	1100×1300	a-Si	70	120	中小尺寸	
	鄂尔多斯	5.5	1300×1500	LTPS	60	140	中小尺寸	5k/月用于 AMOLED
	合肥	6	1500×1850	a-Si	101	336	电视、监视器、笔记本和平板电脑	
	北京	8.5	2200×2500	a-Si	120	792	电视为主	
	合肥	8.5	2200×2500	IGZO	90	594	电视为主	
	重庆	8.5	2200×2500	IGZO	51	337	电视为主	设计产能 90k/月
天马	上海	4.5	730×920	a-Si	115	93	中小尺寸	
	成都	4.5	730×920	a-Si				
	武汉	4.5	730×920	a-Si				
	上海	5	1100×1300	a-Si	78	134		
	厦门	5.5	1300×1500	LTPS	30	70		

厂商	地点	世代	基板尺寸	技术	产能	面积	产品	备注
龙腾	昆山	5	1100×1300	a-Si	110	189	监视器、笔记本和平板电脑	
CEC	南京	6	1500×1800	a-Si	90	292	电视、监视器、笔记本	
熊猫	南京	8.5	2200×2500	IGZO	60	396	电视、监视器、笔记本和平板电脑	
华星	深圳	8.5	2200×2500	a-Si	130	858	电视为主	
	深圳	8.5	2200×2500	a-Si	100	660	电视为主	
深超	深圳	5	1200×1300	a-Si	90	168	中小尺寸	15K 改 LTPS
三星	苏州	8.5	2200×2500	a-Si	110	726	电视为主	
LGD	广州	8.5	2200×2500	a-Si	120	792	电视为主	
AUO	昆山	8.5	2200×2500	a-Si	75	495	电视为主	
						7223		

注：苏州三星、广州 LGD 和昆山 AUO 为计划数据，其余各生产线的数据都与有关公司核实过。从各方消息看，近几年除中国大陆外其他各地由于资金、市场方面的原因都不考虑再在大陆以外建 TFT-LCD 生产线。由上表可知，中国大陆到 2015 年底共计应有 9 条 G8.5 生产线，总产能 5650 万 m²/年，韩国 4818 万 m²/年，台湾 924 万 m²/年，日本 1024 万 m²/年。

119

第三步 用数据推算会不会造成产能过剩？

一、2015 年中国大陆 TFT-LCD 产能情况

二、2015 年底中国大陆 TFT-LCD 产业在世界的地位

2015 年底世界 TFT-LCD 生产线情况

	中国大陆		台 湾		韩 国		日 本	
	数量	年产能（万 m^2）	数量	年产能（万 m^2）	数量	年产能（万 m^2）	数量	年产能（万 m^2）
G4.5	4	124	4	221	1	80	2	105
G5	4	611	8	1480	4	947		
G5.5	2	210	1	421				
G6	2	628	6	1737	1	230	2	214
G7					2	1678		
G7.5			3	1442	2	1448		
G8.5	9	5907	3	924	4	4818	2	1024
G10							1	746
总计		7480（7223）		6225		9201		2089

注：韩国、台湾和日本的数据是参照各公司和DiaplaySearch近年的资料整理的。

全球 2015 年 G6 以上 TFT-LCD 生产线产能状况

国家地区	公司	工厂	技术	世代	基板尺寸（mm）	月产能（K片）	年产能（万 m²)
中国大陆	BOE	合肥 B3	a-Si	G6	1500×1850	101	336
		北京 B4	a-Si	G8.5	2200×2500	120	792
		合肥 B5	IGZO	G8.5	2200×2500	90	594
		重庆	IGZO	G8.5	2200×2500	90	594
	CEC熊猫	南京	a-Si	G6	1500×1800	90	292
		南京	IGZO	G8.5	2200×2500	60	396
	华星	深圳	a-Si	G8.5	2200×2500	130	858
		深圳	a-Si	G8.5	2200×2500	100	660
	Samsung	苏州	a-Si	G8.5	2200×2500	110	726
	LG Display	广州	a-Si	G8.5	2200×2500	120	792
	AUO 龙飞	昆山	a-Si	G8.5	2200×2500	75	495
日本	JDI	Mobara IPS L1	LTPS	G6	1500×1850	35	117
	Panasonic LCD	IPSA Himeji	a-Si	G8.5	2200×2500	78	515
	Sharp	Kameyama2	a-Si	G8	2160×2460	15	96
			IGZO	G8	2160×2460	65	413
		Kameyama	LTP-C	G6	1500×1800	30	97
		Sakai 1	a-Si	G10	2880×3130	54	584
			IGZO	G10	2880×3130	15	162
韩国	LGDisplay	Paju P8	a-Si	G8.5	2200×2500	290	1914
		Paju P9	a-Si	G7.5	1950×2250	60	316
		Paju P9	a-Si	G8.5	2200×2500	60	396
		Kumi P6	a-Si	G6	1500×1850	230	766
		Kumi P7	a-Si	G7.5	1950×2250	215	1132
	Samsung	Tangjong L7-1	a-Si	G7	1870×2200	150	740
		Tangjong L7-2	a-Si	G7	1870×2200	190	938
		Tangjong L8-1	a-Si	G8.5	2200×2500	200	1320
		Tangjong L8-2	a-Si	G8.5	2200×2500	180	1188

台湾	AUO	台中 L6A	a−Si	G6	1500×1850	150	500
		台中 L7A	a−Si	G7.5	1950×2200	75	386
		台中 L7B	a−Si	G7.5	1950×2200	85	438
		台中 L8	LTPS	G6	1500×1850	30	100
		台中 L8A	a−Si	G8.5	2200×2500	40	264
		台中 L8B	a−Si	G8.5	2200×2500	90	297
		QDI 龙潭 L6B	a−Si	G6	1500×1850	135	363
	Chimel Innolux	Kaohsiung Fab8	a−Si	G8.5	2200×2500	85	561
		台南 Fab6	a−Si	G6	1500×1850	255	71
		台南 Fab7	a−Si	G7.5	1950×2200	120	618
		ILX Jhunan T2	a−Si	G6	1500×1850	105	350
	CPT	龙潭 L2	a−Si	G6	1500×1850	80	266

结论一：

到 2015 年底中国大陆 TFT−LCD 产能超过日本和台湾占世界第二位，其中最适合生产 TV 屏的 G8.5 生产线的产能世界第一（中国大陆 5907 万 m^2/年，韩国 4818 万 m^2/年，台湾 924 万 m^2/年，日本 1024 万 m^2/年）。

三、世界主要公司 2015 年 TFT−LCD 生产能力情况

序号	公司	产能（万 m^2/年）
1	LGD	4524(792)
2	三星	4187(726)
3	AUO	2394(495)

4	京东方	2350(264)
5	新 CMO	2344
6	华星	1518
7	Sharp	1354

注：括号内为可能新增的产能。

结论二：

如发展按计划，京东方将于 3 到 5 年后进入世界 TFT-LCD 生产的第一集团。

四、2012 年中国 TV 行业情况

2012 年度中国生产 LCD 电视 12000 万台：其中 TCL 1697 万台、海信 1284 万台、创维 1024 万台、长虹 844 万台、康佳 766 万台、海尔 637 万台。占全行业产量的 93.58%。

PDP 电视生产 205 万台，占全行业产量的 1.6%：其中长虹 141.7 万台、三星 42.1 万台、上海松下 20 万台。

CRT 电视生产 535 万台，占全行业产量的 4.2%，其中 TCL 218 万台、创维 48 万台、康佳 19 万台、海尔 81 万台、LG158 万台、创佳 11 万台。

五、2012 年中国进口 LCD 屏的情况

大陆 8 家彩电企业 2008-2012 年采购台湾 TV 面板的数量分别为：

2008 年采购量不足 1000 万片，采购额不足 20 亿美元；

2009 年 1740 万片，34 亿美元；

2010 年 2240 万片，43 亿美元；

2011 年 3000 万片，55 亿美元；

2012 年 2800 万片，44 亿美元。

采购台湾 TV 面板的平均尺寸不断扩大：2009-2012 年平均尺寸分别 30.3 英寸、33.6 英寸、39.5 英寸、39.5 英寸、36.69 寸；采购产品的技术含量明显提高，大尺寸 LED 背光面板、3D 面板的采购比重快速增加（其中 3D 面板为 780 万片），采购大陆电视面板（京东方和华星）数量和金额分别为 1200 万片和 14 亿美元。未能达成对台面板采购计划的主要原因是台湾面板厂供货不足。

2012 年度中国大陆主要 TFT-LCD TV 生产公司面板总采购量为 5270.9 万片，年增长率达 37.5%，其中：

台湾新奇美 27%，友达 19.2%，共计 46.2%；

韩国 LGD 18.2%，SDC 12%，共计 30.2%；

中国本土厂 CSOT（华星光电）11.2%，BOE 8.8%，共计 20%。

2013 年 7 家整机厂计划采购台湾电视面板数量和金额分别为 3572 万片和 62.34 亿美元，其中采购 3D 面板数量为 1550 万片，占总采购数量的 43.39% 左右；采购大陆电视面板（京东方和华星）数量和金额分别为 2257 万片和 22.15 亿美元。2013 年面板采购的平均尺寸为 43.44 寸左右。

六、2015 年中国大陆对电视机 TFT-LCD 需求及产能的分折

根据中国视像行业协会资料，我国到 2015 年 TFT-LCD TV 产能为 1.5 亿台。

根据 DisplaySearch 资料，2014 年 TFT-LCD TV 品种分布如下：

英寸	32 英寸以下	32英寸	37~39英寸	40~43英寸	46~47英寸	48~52英寸	55英寸	60 英寸以上
数量所占比例（%）	16.7	39.4	5.5	23.0	7.4	3.1	3.4	1.4
面积所占比例%	6.5	29.6	6.0	29.0	11.7	5.7	7.5	3.4

全球 TV 市场趋势

品种		2010 年	2011 年	2012 年	2013 年	2014 年	2015 年	CAGR
LCD	百万台	191.557	206.000	227.000	245.400	261.100	270.100	9%
	亿美元	1000.15	1002.03	1017.34	1005.61	968.03	923.61	
PDP	百万台	18.50	16.75	15.79	14.92	14.05	13.15	−5%
	亿美元	130.35	113.18	101.42	88.65	77.61	70.07	
OLED	百万台	0.001	0.000	0.050	0.380	1.200	2.700	420%
	亿美元	0.02	0.01	6.88	13.36	25.31	36.29	
CRT	百万台	38.256	25.200	12.500	4.800	1.600	0.300	−57%
	亿美元	43.94	24.40	11.19	4.05	1.29	0.23	
共计	百万台	248.313	247.95	255.34	265.50	277.95	286.25	4%
	亿美元	1174.44	1139.61	1136.84	1111.67	1072.25	1030.20	

来源：DisplaySearch 2011.3Q。

结论三：

据此推算我国 1.5 亿台 TFT-LCD TV 所需液晶屏面积为 5632 万 m^2。

以玻璃利用率 90%、生产线开机率 90%、生产产品良品率 92% 为条件，我国生产上述液晶屏所需生产能力为 7558 万 m^2。

根据相关资料分析，我国到 2015 年底可用于生产 TV TFT-LCD 的生产线为全部 G8.5 和 1/2G6 生产线，总产能为 5700 万 m^2。

因此如中国大陆计划中的各生产线都能如期建成，可满足 TFT-LCD TV 需求的 75%（以面积计）。

结论四：

2015 年底京东方用于生产 TV TFT-LCD 的生产线产能为 1627 万 m^2/ 年，计划生产 TV TFT-LCD 1520 万块 (估计大尺寸比重大)。2015 年底华星用于生产 TV TFT-LCD 的生产线产能为 1518 万 m^2，计划生产 TV TFT-LCD 3040 万块 (32 英寸比重较大)。以此推算 2015 年底中国大陆 TFT-LCD 生产线 (全部 G8.5 和 1/2G6) 产能为 5700 万 m^2，可生产 TV TFT-LCD8264 万块，可满足中国大陆 2015 年 TFT-LCD TV 需求的 55%(以台数计)。

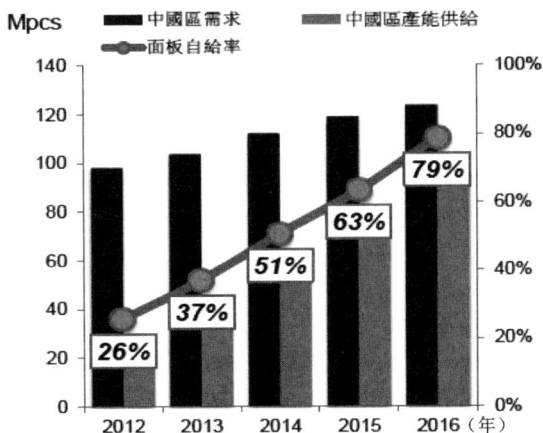

（该图为深圳华星推算的）

结论五：

根据相关资料分折，我国到 2015 年底可用于生产 TV TFT-LCD 的生产线为全部 G8.5 和 1/2G6 生产线总产能为 5700 万 m^2，可生产 TV TFT-LCD8264 万块。因此如中国大陆计划中的各生产线都能如期建成，可满足 TFT-LCD TV 需求的 75%（以面积计），可满足中国大陆 2015 年 TFT-LCD TV 需求的 55%(以台数计)，与《电子信息制造业"十二五"发展规划》所列的 80% 的 LCD-TV 面板自给率目标尚有一定差距。也就说明，高世代面板生产线还有较大的市场需求空间。（不会造成产能过剩问题。）

第四步 提出四川省平板显示产业发展策略

第一节 基本原则

1. 坚持政府引导与市场推动相结合。把握"科学发展、绿色建设、先行先试"核心，充分发挥市场配置资源的基础性作用，积极营造鼓励创新、追求卓越的发展环境，完善科学发展的体制和机制。

2.坚持产业集聚发展，引导相关产业资源向重点园区集聚。引进和培育园区龙头型企业和核心基础性产业，带动产业链上下游配套产业集聚发展。强化产业集聚发展、集约发展，提升产业核心竞争力和可持续发展。

3.坚持对外开放，做好产业承接转移工作。抢抓国际国内信息产业结构调整和国内电子信息产业向中西部转移的重大机遇，以核心园区为载体，积极开展招商引资，优势互补，突破现有产业发展瓶颈。

4.坚持协调发展、结构调整和转变发展方式相结合，大公司带动中小企业协同发展相结合。突出基地建设特色，推进产业链上下游之间、产业与其他制造业之间、园区与园区之间、产业发展和配套基础设施建设之间协调发展，做到配套体系完备、专业化分工明确、产业布局合理。

第二节　指导思想

全面贯彻落实科学发展观，紧紧抓住国际先进地区电子信息产业结构调整与国内电子信息产业转移、国家优先发展战略性新兴产业等重大历史机遇，利用成都市被列为国家级创新型城市的优势，以提升产业自主发展能力为主线，以建立健全产业体系为重点，以支撑国内彩电产业整体转型为目标，坚持统筹规划、自主创新、扩大开放，做大做强平板显示产业链，实现产品结构向高技术、高附加值转变，技术结构向自主开发、自主知识产权转变，市场结构向现代服务体系转变，使平板显示产业成为创新型经济发展的重点领域和核心产业，全面提升四川省平板显示产业的国际竞争力和国际影响力。

第三节　发展目标

顺应世界新型显示技术发展趋势，基于四川省新型显示产业特色及比较优势，结合四川新型显示产业发展的阶段特征及其相对差距，聚焦产业高端、重点领域，完善技术创新体系、产业市场体系、政策扶持体系，着力推动产业转型升级，力争到2020年将四川打造成为世界新型显示制造中心。

第四节　发展重点及路线

综合分析四川省平板显示产业发展的环境、基础、现状及面临的形势，可以看出，尽快着手推动四川平板显示产业发展具有重要的经济与社会效益，并已十分迫切。

在路径选择方面，主要有以下四条建议：

一、大力发展高世代液晶面板生产线，完善产业链建设

液晶面板是液晶电视的核心部件之一，占液晶电视材料成本的 50% 以上，目前整机面板一体化趋势越发明显。四川省作为电子大省，在技术、人力等方面有着雄厚的基础，在国家西部大开发背景下，有着建设平板产业的独特优势，为了继续稳定和保持长虹等终端企业的市场优势，同时也为了加强终端企业对电视产业的产业链掌控能力，四川省需要尽快完善产业链建设，特别是在高世代液晶面板产业方面补齐短板。

路径有两种建设方案：

1. 类似京东方模式，即四川省政府通过重点支持具有技术优势的如京东方等面板厂，联合长虹等终端企业参与投资建造 8.5 代以上的高世代液晶面板生产线。

2. 类似富士康模式，即四川省政府通过重点支持长虹等本地企业，联合具有技术优势的企业如京东方等共同参与投资建设 8.5 代以上的高世代液晶面板生产线。

无论何种途径，均可以建设四川省高世代液晶面板生产

线，并显著推动四川平板显示产业链纵向整合，拉动周边核心的上游配套产业发展，完善四川省在新型平板显示产业领域的布局，使得四川省平板显示产业可持续发展。

二、继续致力于 LCD 中小尺寸面板的发展

在建设高世代液晶面板生产线的同时，建议以提高技术水平的思路发展中小尺寸 LCD 面板。具体来说，一是不再新建其他中小尺寸生产线，重点发展京东方和深天马的 4.5 代生产线，保持稳定投入。二是结合目前国际市场上中小尺寸面板高清化的趋势，加大研发投入力度，提高产品的技术含量。

三、积极布局 AMOLED（有源矩阵有机发光二极体）伺机量产

根据 DisplaySearch 的数据，AMOLED 显示屏在中小尺寸市场的占比从 2012 年的 6.2% 迅速提高到 2015 年的 13%，3 年增长 1 倍多。我国在 CRT 和 LCD 发展阶段都主要依靠技术引进路线，而 OLED 的发展走的是自主创新的路线，这为我国在新型平板显示领域实现跨越式发展奠定了坚实的基础。但是，产业化除了需要足够的技术储备之外，更需要具备产业化经验。目前在全球范围内，只有三星一家实现了 AMOLED 的量产，并仍处于产业化初期。为了降低风险，建议在技术、

量产经验有了突破之后，四川再伺机迅速导入量产，能够获得巨大商业利益。

若高世代液晶面板线采用 Oxide 基板（类似京东方重庆线），将来有 70% 的投资可以转移到 AMOLED 高世代面板生产线，这样四川投资的高世代液晶面板生产线也为未来 AMOLED 高世代面板生产线奠定了坚实的基础。

目前维信诺在 AMOLED 小尺寸面板量产方面已经在建设 5.5 代线的引导线。若量产成功，四川可积极争取维信诺来川投资，作为 AMOLED 的发展基础。

四、大力发展面板配套产业，争取更多定价权

我国平板显示产业材料国产化配套率在 30% 左右，装备国产化配套率已提升至 15% 左右，然而，与日韩相比，我国平板显示产业关键材料和设备仍受制于人。目前企业对国产材料的认可程度还不够高，在建设高世代液晶面板生产线的同时，四川应当鼓励企业创新，并在政策上支持材料国产化，对上游材料产业的发展给予扶持。通过各种液晶面板线特别是高世代面板生产线的建立，可以大力带动对上游材料和设备的需求，推动玻璃基板、液晶材料、背光源组件、偏光片、IC（集成电路）等材料及设备的国产化进程和在四川的落地。同时，加快组建平板显示产业联盟，避免上下游企业各自为政。

此外，要拓展细分市场，实现PDP（等离子显示屏）效益最大化。目前，从全球市场来看，PDP面板在面积上占3%-4%的份额；从金额来看，有50亿－60亿美元。而与此同时，日本等其他国家的PDP生产巨头纷纷退出市场。上述两方面反而对四川利好，目前虹欧积极承接产业国际化转移，PDP项目实现成功量产，成为全球前三的等离子面板供应商。随着PDP产业链的国产化和本地化进程的推进，将带来显著的产业集聚效应和经济效益。为了充分发挥四川省在PDP产业已有的产业基础优势，建议四川省联合虹欧在向国家争取能效、自主创新、节能创新改造等政策支持的同时，通过本地产品政府采购、鼓励企业海外销售利税返还等政策，支持PDP在细分市场深度拓展，实现效益最大化。

第五节　措施建议

平板显示是典型的资金和技术双重密集型产业，为保证四川省平板显示产业能快速发展壮大，实现"在国内具有较强竞争力，在全球具有一定影响力"的发展目标，我们认为，四川省必须下大决心，凝聚各级、各部门政府的意志，着力于夯实并解决资本与技术这两大产业发展基础与瓶颈。具体建议如下：

一、充分发挥大型品牌企业优势

一是依托长虹等整机企业的市场优势，政府支持企业沿着产业价值链方向，联合相关合作伙伴，利用资本力量进行战略合作，进军上游核心技术和关键部件制造，提高产业链话语权。

二是发挥长虹等企业的品牌优势，以产业基地为载体实施产业链招商，促进产业集聚。

三是利用长虹等品牌企业的影响力，推动建立产业联盟，实现资金、资源和技术的整合共享。

二、依托国内龙头企业，兼顾技术引进

京东方以海外并购的方式入门，经过消化吸收和再自主创新一举掌握了液晶面板的核心技术。目前京东方可使用的专利技术达 6000 余项，其成都 4.5 代线、合肥 6 代线和北京 8.5 代线均利用的是自主掌握技术。华星光电技术有限公司和龙腾光电以人才战略为重心，在全球招聘主要液晶面板厂商的技术人员，目前两家公司已经拥有一批稳定的技术专家。

虹欧通过收购韩国欧丽安公司，开展整机面板的研发和制造技术研究，走消化、吸收和自主创新的道路，目前已拥有等离子面板核心专利 600 余项。

建议四川省在平板显示产业发展中，技术方面应依托国内具有相关量产技术的龙头企业如京东方、长虹等企业，再辅以引进其他国家和地区的先进技术，消化吸收后最终实现自主创新。

三、政企联合共同筹措资金

京东方第 8.5 代液晶面板生产线投资是由北京市和京东方以筹集等方式解决。华星光电第 8.5 代面板生产线项目投资也是由深圳市、深超公司、TCL 集团各方筹集解决。京东方各条面板生产线都是以项目公司的形式来运行的，均为京东方集团的子公司。目前上述项目均已取得了良好的经济效益，并走上良性发展的轨道。

四川省可借鉴上述案例的成功经验，采用以国有资本为基础和担保，面向资本市场开展定向融资的方式，满足产业发展需要。

新一轮科技革命与产业变革正在孕育兴起，现行的产业政策模式越来越不能适应新的形势与应对新的挑战，越来越不利于产业转型升级与竞争力提升，迫切需要加快推进产业政策模式的转型。所以，我们应从推动经济新陈代谢、培育创新点所需的应对政策角度进行模索和研究，应重点关注两个方面——重振传统产业和培育新兴产业。

重振传统产业，主要是针对以往因管制等原因未能充分提升生产率的产业，采取新改革的视角进行研究。尤其是，经济处于转型升级的关键时期，如果政府的产业政策自身不实现转型，那么旧的产业政策不仅难以有效指导产业的转型升级，还有可能造成新的矛盾和冲突，可能会让业界质疑缺少自由竞争中的公平环境和条件。甚至，传统的表现为行政垄断、行政干预、各种利益团体借助于产业政策等手段扭曲市场的资源配置功能，导致了寻租和不公正，降低市场运行效率。

旧产业在追赶阶段中的产业政策应该是成功的，但在经济转型期，在创新驱动的赶超阶段，对产业政策的效用要有理性认识，调整产业政策的行使方式，通过制度变革，创造有利于创新的制度环境与市场环境，同时辅以宏观经济政策，尽快使产业结构优化、合理化与高级化。

第一章　旧产业面临的发展局面

一些旧行业，例如以劳动密集型、重工业为代表的行业，以往在促进经济发展中发挥了重要作用。但如今，比较优势部门的变动趋势更为复杂，同质化竞争更为激烈，企业利润空间更加缩小，甚至部分行业因为产能过剩非常严重，正呈现出快速下滑。新产业，例如高端制造业、服务业，这些行业有许多新的企业在崛起。如果新的产业增长的速度不及旧的产业失去市场份额的速度，那么经济总体的发展必然是下行的，这也是经济社会发展所面临的最大问题之一。

传统制造业是旧产业的一个代表。这里说的传统制造业，主要指的是代工、加工工业。改革开放以来，经济出现了前所未有的高速增长，同时加工制造业开始迅速崛起。尤其是浙江、广东、福建一带，以外向型加工贸易为主的传统制造业是改革开放后民营经济快速发展的基础。伴随中国加入世界贸易组织

（WTO）之后，纺织、服装、鞋袜、中小型器械工具、食品加工等加工工业民营企业出口创汇的主体，获得了高速增长。但是，这种发展在较大程度上依赖于较低的工人工资、廉价的土地与原材料、较高的污染代价形成的综合成本优势。随着内外部环境开始变化，土地、资源与能源、原材料和生态环境的成本负担开始不断上升，那些以出口为导向的传统制造业及加工工业效益出现明显下滑，过去以低成本扩张的发展模式，在成本不断提高的情况下，已经优势尽失。特别是伴随着新工业革命的发生，加工制造业的比较成本优势的核心——低成本的劳动力正在加速减弱。

所以，旧产业亟待转型升级。当然，这种转型不是对旧产业的革命，也不是要削弱旧产业的规模，而是以新的产业政策为引导，在国家经济整体发展上，提升旧产业的生产能力、技术水平、质量品牌能力以及能源使用效率。同时，还要站在国际视角上，认识到经济全球化和互联网时代所带来的世界资源的最优配置，引导企业利用世界各地的资金、技术、信息、管理和劳动力，在任何地方从事生产经营活动，并且把生产出来的产品销往任何有需求的市场。也就是说，国家要对旧产业的转型加以政策干预和引导，以提高国际竞争力为目标进行调整。

（一）不嫌弃，不放弃

必须承认，面对世界范围内产业结构的调整，并基于我国经济发展指导思想的转变和资源约束的愈益突出，认真地思考产业发展战略，调整产业结构乃势所必然。但现在，"要将工业为主的产业结构转变为服务业为主""大力发展创意产业""淘汰旧产业"等一些地方在产业发展思路和发展战略方面的讨论中的一些提法，却大有可商榷之处。

在很大程度上仍然可以这样说，工业是服务业的基础。这也正是在工业还不够发达的地区，金融、物流、咨询等服务业也只能在低水平徘徊的重要原因。

自 2008 年金融危机爆发以后，美国经济遭受重创，奥巴马政府于 2009 年底启动"再工业化"发展战略，同年 12 月公布《重振美国制造业框架》；2011 年 6 月和 2012 年 2 月相继启动《先进制造业伙伴计划》和《先进制造业国家战略计划》，并通过积极的工业政策，鼓励制造企业重返美国，意在通过大力发展国内制造业和促进出口，达到振兴美国国内工业，进而保证经济平稳、可持续运行的目的。可以说，美国在国际金融危机后提出"再工业化"，意在夺回美国制造业在世界上的优势。"再工业化"不是原有工业化的重复，而是以高新技术注入制造业，形成美国制造业的优势。美国"再工业化"是要全面振兴国家制造业体系，大幅增加制造业产出和出口，以求扩大就业、优化产业结构，提升硬实力，实现"经济中心"的回归，并进一步巩固其全球领导地位。

"再工业化"，不是传统意义上的制造业回归，它将催生一种新的生产方式，而带有定制特征的智能设备被普遍应用将成为一大趋势。美国新形势下"再工业化"战略的提出就是一种基于国家战略层面上的制度创新，是一个制度创新与技术创新的持续互动过程。通过"再工业化"，一方面，积极深化计算机、汽车、航空以及为大企业配套的机械、电子零部件等现有高端制造业；另一方面，大力发展清洁能源、医疗信息、航天航空、电动汽车、新材料、节能环保等新兴产业，试图带动传统制造业发展，引领世界新一轮产业革命，以确保在21世纪持续保持全球竞争优势。

2012年3月，奥巴马提出投资10亿美元创建15个"美国国家制造业创新中心网络计划"(NNMI)，以重振美国制造业竞争力。2013年1月，美国总统办公室、国家科学技术委员会、国家先进制造业项目办公室联合发布《制造业创新中心网络发展规划》。2012年8月以来，美国已经成立了4家制造业创新中心，这些中心涉及的相关技术和产业有望成为未来制造业的发展方向。

我国经济发展水平不平衡，比较优势部门的变动趋势更为复杂，大部分传统产业部门都处在长期的、累积的变化过程中，既存在以服装针织制造业为代表的长期具有比较优势的劳动密集型产业，也存在以生物医药制造业为代表的长期处于比较劣势的技术密集型产业。所以，从总体上看，现在恐怕还不能对工业发展和劳动密集型产业持"去工业化"的放弃态度。

（二）不进则退，不"跨"则"挂"

在成本逐年上升、产业发展遇到瓶颈的背景下，是该向更低成本的国家或地区转移产业，还是让"技术改造"来改变现状呢？或许转移能在一定程度上降低成本，但用不了多久，转移地随着经济的发展、产业的逐步完善，其成本也必然会随之增加。因此，信息技术和工业技术的融合，实现产业的"智能制造"发展才是根治产业难题的关键。

结构调整是新常态更本质的特征，等不得也熬不得。早调早转早主动，晚调晚转必然被动。技术改造、技术创新是推动产业做大做强的重要途径。

怎样做出投入少产出多的产品，这就需要大量先进技术的研发与应用。加强技术改造，"旧产业"依然可以"焕发新活力"。纺织服装里面也有技术，看似低端的产业其实也是技术行业。纺织服装业推进技术改造，势必要从产品设计智能化、关键工序智能化、供应链优化管控等方面，推进智能制造单元、智能生产线、智能车间、智能工厂建设。智能针织"沭阳现象"就引起了广泛的关注，针织制造产业智能化已有了突破性发展，形成智能化针织机械，同时适应世界纺织产业面向"多品种、小批量、快交货"需求。据媒体资料显示，纺织产业是沭阳县的传统产业和优势产业，也是该县近年来确定的主导产业之一，目前已初步形成了"装备—纺丝—加弹—织造—印染—成衣"较为完整的产业链条，实现了由跟随式发展向引领式发展加快转变的良好开端。如今，沭阳又前瞻性地瞄准了"智能针织"这一方向。通过以点带面，用"智脑"带动沭阳纺织产业乃至全国纺织产业向"智能"方向转型升级。沭阳县的数家针织企业虽然企业智能化水平参差不齐，但共同点是都已经走在了"智能制造"的路上，并且纷纷意识到"智能"对扩大企业利润空间的作用。

打造旧产业的"升级版"，技术创新、技术改造无疑是旧产业引领行业先进水平的关键因素。

第二章　如何使旧产业提质增效？

应对既有的产业政策进行系统的反思，推动产业政策转型。同时，按照发挥市场在资源配置中的决定性作用和更好发挥政府作用的原则，推进产业政策的改革。

第一节　横向与纵向的兼并重组

产业政策的基本功能是要指示产业发展方向，规划产业发展目标,调节各产业之间的相互关系及其内部结构变化关系。在社会主义市场经济中，宏观平衡与产业政策的相对分离以及使用上的相互配合，是一种必然的趋势和要求。其基本原因是：微观经济主体的独立和以间接形式实现为主的宏观平衡，如果没有产业政策功能的配合，就无法实现计划与市场在运行机制上有效结合，也无法有效地达到数量扩张、结构转换和水平提高的经济发展目标。

以往的产业政策侧重于纵向的歧视性甄别，是市场不公平竞争的根源，未来应该顺应市场，把重心放到实施横向产业政策上来，即更多地鼓励和支持企业间的兼并收购，增加企业的融资来源，为上下游企业间的研发提供更多的产权保护和税收激励，鼓励企业加大在人才吸收和培训方面的投资。

其中，"兼并重组"是指伴随企业间乃至集团间的公司支配权的转交而进行的并购整合。其目的是对经营资源进行最优配置，提升企业的生产能力、销售能力和研发能力，提高企业效率，加强市场竞争能力。此外，兼并重组原本也定位为实现企业愿景与发展战略的手段之一。但是，具体该以什么为目标，采取哪种方式进行兼并重组呢？每个企业恐怕都有不同的质疑。

（一）兼并重组的意义

以制造业为例，在国内市场需求减少、国际竞争加剧以及技术创新与新兴市场的发展加快等大环境之下，就需要制定新的发展目标。

1.在全球市场上确保"规模"

在世界范围内，很多行业、很多领域都有领先的企业存在。

发达国家与发展中国家企业间的竞争日益激烈。为此，可以通过提升产品质量品牌、生产能力、销售能力以及设备投资、研发投资等，以保障企业在全球范围内开展市场竞争。

2.在产业安全上确保"供应链"稳固

企业必然要不断思考自己的附加值来自哪里，也就是说哪一块能带动利润的上涨。大多时候，企业生产能力很强，但是从研发、采购、生产、销售等供应链整体来看，却很脆弱，盈利能力很弱。为此，需要努力弥补自身的不足，强化较弱的环节，引入新的商业模式。此外，顺应市场变化，也需要进行整合重组。

兼并重组通常是将企业间各自的有形无形资产进行整合，按照目的进行优化配置，以适应经营环境。因此，兼并重组的模式应该包括，确保抗衡全球企业所需的"规模"、构筑"供应链"提升企业价值两个方向。前者通常是以本来就从事同一行业或领域的企业为前提，旨在扩大企业规模，扩大市场份额，所以称为"横向重组"；而后者，一般是从产业链上游到产业链下游来强化供应链，所以称为"纵向重组"。

（二）横向重组

"横向重组"是指业务领域相重叠的企业或部门兼并的

模式。由此来扩大业务规模，确保经营基础，扩大市场份额，提升市场地位。其包括以下两种类型。

◇ 增长型兼并重组

企业为实现积极的增长战略而采取的兼并重组。通过对该领域内有关工厂、技术、人才、销售网络以及资金等软硬件资源的整合，开展全球化生产、向全球市场以及新兴市场拓展、强化技术能力与研发能力、扩充产品系列。

◇ 强化型兼并重组

企业为了强化经营基础、改进经营方式而采取的兼并重组。整合软硬件资源，通过优化配置，发挥各自优势，实现规模效果，剔除重复性部分，从而使得生产效率得到提升、生产成本得以降低、投资能力和开发能力得以确保。

（三）纵向重组

"纵向重组"是指不同领域的企业或部门之间的兼并，用以实现企业目标，强化供应链，使业务多元化。

通过兼并自身不具备的业务或经营资源，成为新的增长点、培育新的业务、进入新的领域、开创新的商业模式（例如，从产业链上游到下游的一体化业务，提供软硬件相融合的服务等）。

此外，还有兼具"横向重组"和"纵向重组"两种模式的兼并重组。主要是为了实现企业快速增长的同时，扩展业务领域而采取的兼并模式（表4-1）。

表4-1　兼并重组基本类型（基于重组目的）

重组目的	重组意义与效果		
横向重组(同一领域内的规模与市场份额扩大)	为了扩大企业规模与市场份额，合并相同领域内的企业或部门。 ·扩大规模后可以巩固经营实力 ·扩大市场份额后可以提升市场地位		
	增长型	以增长为驱动的兼并重组。 ·通过扩大规模，加强投资能力、开发能力 ·强化生产能力，优化生产体制 ·提升产品系列及品牌，强化相关服务 ·开拓新的市场	
	强化型	为强化企业经营实力而采取的兼并重组。 ·通过合理配置经营资源，提升生产效率 ·合理化降低成本 ·确保投资能力和开发能力	
纵向重组(巩固供应链与多元化)	为获取新的增长机会，通过对供应链保障与强化、业务的多元化，而兼并不同领域的企业或部门。 ·构建新的收益支柱 ·通过对新领域、不同领域的涉足，重构业务体系 ·补充欠缺的功能 ·通过一体化业务开展、软硬件资源融合来实现新的商业模式		

第二节　时间与空间上产能合作

从时间上，一方面是"拖延时间"，让劳动密集型出口加工企业逐步升级到品牌、研发、品管、市场渠道管理等高附加值的微笑曲线两端。另一方面是，"抓紧时间"，以实时了解客户需求，及时为客户提供服务，做到快速响应市场需求，实现生产方式的升级。

从空间上，可以效仿日本、欧美以及中国台湾地区同类产业中的企业的做法，利用其技术、管理、市场渠道的优势，转移到成本相对较低的地方去生产制造。

（一）日本的产业转移政策

20 世纪 60 年代是日本经济高速增长阶段。资源过度集中在首都圈，造成首都圈承载的压力过大。所以，日本政府通过《工厂建设法》，禁止在首都及周边新建工厂或大学；通过《新型工业城市建设法》，批准 15 个新型工业城市。其目的都是通过向低成本地方生产基地疏解，解决过度集中问题。70 年代通过《工业带配套发展促进法》，将四大工业带分散至其周边的 6 个区域；通过《工业再配置促进法》，促进工业向地方分散以及产能转移。从而解决区域间发展不平衡以及工业污染问题，旨在实现均衡发展（图 4-1）。

80 年代至 90 年代，是日本经济高速增长结束后经历的一个重要的经济转型时期。为解决石油危机显现出的作为经济发

从向地方疏解到向地方集聚

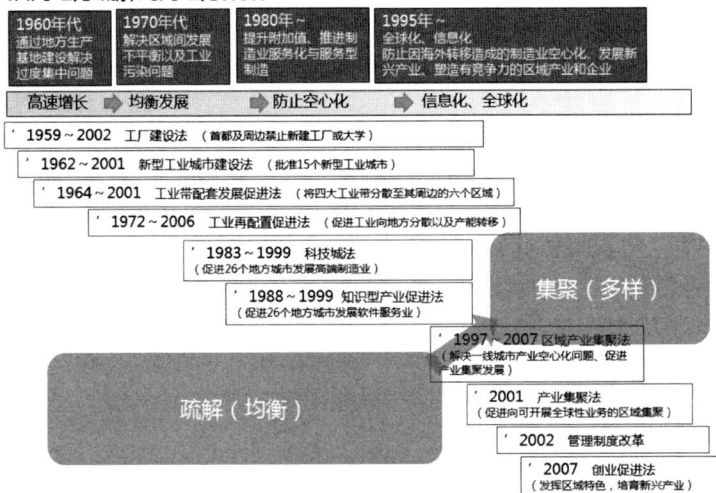

1960年代	1970年代	1980年～	1995年～
通过地方生产基地建设解决过度集中问题	解决区域间发展不平衡以及工业污染问题	提升附加值、推进造业服务化与服务型制造	全球化、信息化防止因海外转移造成的制造业空心化、发展新兴产业，塑造有竞争力的区域产业和企业

高速增长 ➡ 均衡发展 ➡ 防止空心化 ➡ 信息化、全球化

'1959～2002　工厂建设法（首都及周边禁止新建工厂或大学）

'1962～2001　新型工业城市建设法（批准15个新型工业城市）

'1964～2001　工业带配套发展促进法（将四大工业带分散至其周边的六个区域）

'1972～2006　工业再配置促进法（促进工业向地方分散以及产能转移）

'1983～1999　科技城法
（促进26个地方城市发展高端制造业）

'1988～1999　知识型产业促进法
（促进26个地方城市发展软件服务业）

集聚（多样）

'1997～2007　区域产业集聚法
（解决一线城市产业空心化问题、促进产业集聚发展）

疏解（均衡）

'2001　产业集聚法
（促进向可开展全球性业务的区域集聚）

'2002　管理制度改革

'2007　创业促进法
（发挥区域特色、培育新兴产业）

图4-1　日本的工业创新与传统产业改造的实践案例

展基础的能源结构的脆弱性，以及以赶超为目标实行能源消耗型重化工业的主导型发展，造成的产业结构不合理和严重的公害问题，日本把工业创新和经济转型的重点放在了以技术替代资源，通过产业结构调整、提升附加值，推进制造业服务化与服务型制造，来获取持续的经济发展能力上，目标是实现资源消耗型重化工业向知识密集型工业转变。例如，通过颁布《科技城法》，促进26个地方城市发展高端制造业；通过颁布《知识型产业促进法》，促进26个地方城市发展软件服务业。

90年代后期以来，随着经济全球化和互联网时代的到来，日本的产业政策开始以防止因海外转移造成的制造业空心化、发展新兴产业、塑造有竞争力的区域产业和企业为核心。例如，通过实施《区域产业集聚法》，解决一线城市产业空心化问题、促进产业集聚发展；通过实施《产业集聚法》，促进向可开展全球性业务的区域集聚；再通过《创业促进法》，发挥区域特色，培育新兴产业。从而有效发挥产业集聚的作用，提升国际化竞争能力，使日本通过产业转型与创新形成了建设世界工业强国的发展能力。

（二）伊莱克斯的产业转移

伊莱克斯（Electrolux）股份有限公司是世界知名的电器

向生产成本较低地区转移
- **家电**
- **吸尘器**
- **专业电器(饮食服务设施、园林设备等)**

图4-2 伊莱克斯的产业转移

设备制造公司，是世界最大的厨房设备、清洁洗涤设备及户外电器制造商，同时也是世界最大的商用电器生产商。1919 年创建于瑞典，由 Lux 有限公司和 Elektromekaniska 有限公司合并而成，总部设在斯德哥尔摩。目前在 60 多个国家生产并在 160 个国家销售各种电器产品（图 4-2）。

伊莱克斯从 2004 年开始执行工厂转移计划，到 2012 年时就关闭了 19 家位于高成本国家境内的工厂，启动的 9 家新工厂则位于成本相对较低的墨西哥、东欧、南美、北非和东南亚等地。

（三）富士康的产业转移

富士康一直致力于向低成本区域迁移，获取比较成本优势。

劳动力人口减少的直接影响是用工成本上升，劳动力成本上升导致中国制造业的竞争力迅速下降。许多跨国公司将工厂搬向劳动力成本更低的地方。

中国是全球最大的电子产品生产基地。但是，由于物价带动人工费用上涨，智能手机和个人电脑等电子产品的代工企业为寻求廉价劳动力，已开始加速进行工厂转移。世界最大电子产品代工企业富士康，最终选择了劳动力成本较为低廉的贵州省，甚至还有远走东南亚的打算。

代工企业主要依靠人海战术进行组装作业，因此廉价劳动力不可或缺。鸿海于 1988 年进驻广东深圳，随后为了寻找人工更加低廉的地区，应对劳动力资源紧张，逐渐将工厂向中西部迁移，以降低用工成本。这些中西部地区包括山西太原 (2003年)、重庆市 (2009年)、四川成都 (2010年)、河南郑州 (2010年)等，富士康还于 2011 年前后开始将一部分生产设备和人员从深圳转移到中西部地区的各工厂（图 4-3）。

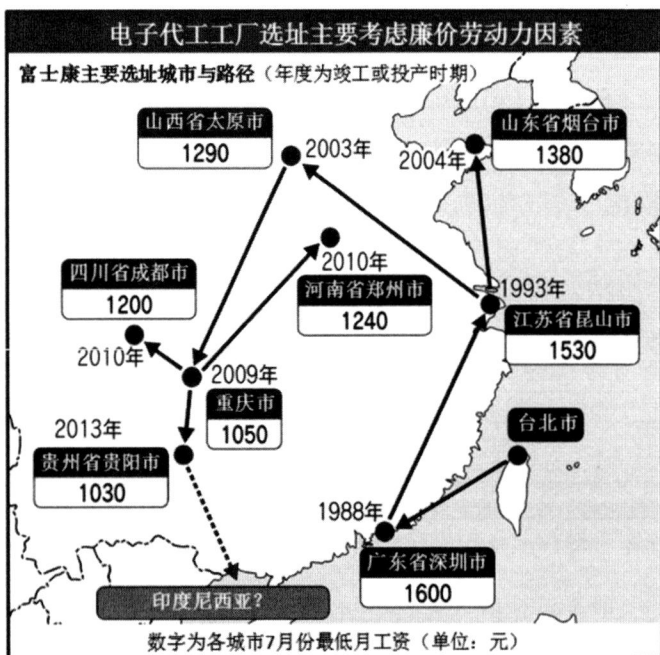

图 4-3 富士康的迁徙路径

可以说，作为代工企业，劳动力问题始终是富士康的一大难题。富士康也可能在不断思考：下一个成本更低的工厂设在哪里？

对于一些欠发达的中西部地区而言，富士康的工作仍然具有一定吸引力。比如贵州省，2012 年农村贫困人口 923 万，其一类区的月最低工资标准也仅为 1030 元。据了解，富士康（贵州）第四代绿色产业园将在未来两三年内为贵州提供 5 万个就业岗位。

郭台铭早已开始将目光投向海外。在 2013 年的亚太经济合作会议 (APEC) 企业领袖高峰会上，郭台铭表示未来两年将启动印度尼西亚五年计划，在印度尼西亚设立手机工厂。在印度尼西亚首都雅加达，2012 年工人年工资每人平均 4780 美元，比我国深圳市低约 30%。而在越南，2012 年工人年工资在首都河内为每人平均 2533 美元。

那么，电子代工企业会不会大规模向东南亚转移，或者大规模迁徙东南亚之后，会对我国制造业有什么影响？这些问题值得我们关注和思考。

既然物价和劳动力成本无法降低，那就要在配套环境上下功夫。在需求持续萎缩的笔记本电脑领域，各代工企业的"西部大迁徙"也在持续。2010 年以后，广达电脑等台湾的 5 家大企业相继在重庆市建设了新工厂。这些企业看中的或许不是当地政府的税收优惠，而是重庆至欧洲间直达货运列车 2011 年正式开通带来的物流运输成本的优势。

随着国内人工、材料、能源、土地等生产要素成本的不断上升，印度、越南及东南亚发展中国家以比我国更低的成本优势，成为接纳国际产业转移的新阵地，2008 年以来我国对这些地区的产业转移也呈快速增长的势头。轻工、纺织等劳动密集型产品正在由"中国制造"转向"越南制造"。

（四）除了"拖延时间"还要"抓紧时间"

除了产业转移，以空间换时间，"拖延时间"之外，还要"抓紧时间"，以实时了解客户需求，及时为客户提供服务，做到快速响应市场需求，实现生产方式的升级。

20 世纪 70 年代后期，自动控制系统开始用于生产制造之中，拉开了大规模生产的序幕。虽然生产效率得到了极大的提升，但是也带来了"产能过剩"问题。因为，大规模生产时代的管理理念以产品为中心，以低成本去竞争市场，根据市场预测安排生产，是一种推动式的生产方式，某些时候，难免造成盲目生产，以至于产能过剩。

如今，随着信息技术、计算机和通信技术的飞跃发展，人们对产品需求的变化，使得灵活性进一步成为生产制造领域面临的最大挑战。具体而言，由于技术的迅猛发展，产品更新换代频繁，产品的生命周期越来越短。对于制造业工厂来说，既要考虑对产品更新换代具有快速响应能力，又要考虑因生命周期缩短而减少产品批量，随之而来的是成本提升和价格压力问题。

"工业 4.0"时代的智能制造，是在"工业 3.0"时代的自动化技术和架构的基础上，实现从集中式中央控制向分散式增强控制的生产模式的转变，利用传感器和互联网让生产设备互联，从而形成一个可以柔性生产的、满足个性化需求的大批量生产模式。也就是说，"工业 4.0"时代的多个种类产品的大规模定制，既要满足个性化需要，又要获得大规模生产的成本优势。

"个性化"是有针对性的、量身定制的代名词；"规模化"意味着大批量、重复生产。"工业 4.0"时代的智能制造就是让"个性化"和"规模化"这两个在工业生产中相互矛盾的概念相互融合的生产方式，通过互联网技术手段让供应链上的各个环节更加紧密联系、高效协作，使得个性化产品能够以高效率的批量化方式生产，也就是大规模定制生产。"工业 4.0"时代的大规模定制是以顾客为中心，以快速响应赢得市场，根据顾客需求安排生产，是一种拉动式生产方式，能够通过灵活性和快速响应来实现多样化和定制化。

定制产品由于更接近个性化需求，所以比标准化产品有更大的价值空间。所以，大规模定制生产将是企业参与竞争的新方法，是制造业企业如何获得成功的一种新的思维模式。大规模定制以顾客愿意支付的价位并以能获得一定利润的成本，来高效率地进行产品定制，满足顾客的个性化需要。此外，大规模定制生产通过互联网，使供应商、制造商、经销商以及顾客之间的关系更加紧密。借助互联网和电子商务平台进行大规模定制也可以实现消费者、经销商和制造商等多方的"满意"与"共赢"。

对产品的差异化需求，正促使生产制造业加速发布设计方案和推出产品。正因为人们对个性化需求的日益增强，当技术与市场环境成熟时，此前为提高生产效率、降低产品成本的规模化、复制化生产方式也将随之发生改变。

第三节 物理与信息中转型升级

可以说，互联网技术影响了人类社会，并对社会发展起了很大的推动作用，是如今社会面临的各种变革的最大根源。

美国提出的第三次工业革命实质上是将互联网技术应用到新能源领域，将新能源资源的分散化、分布式配置，结合互联网技术实现能源的按需供给和双向买卖，产生智能电网，带动第三次工业革命。本质上是推动互联网技术在新能源领域的深度应用，是新能源与互联网相融合的新一次工业革命。

在德国，"工业 4.0"概念被认为是以智能制造为主导的第四次工业革命，旨在通过深度应用信息技术和网络物理系统等技术手段，将制造业向智能化转型。与美国的第三次工业革命说法不同，德国"工业 4.0"认为，在制造业领域，将各种资源、信息、物品和人融合在一起，相互联网的众多"信息物理系统(Cyber-Physical System，CPS)"形成了"工业 4.0"。

"工业 4.0"其实就是基于信息物理系统（CPS）实现智能工厂，最终实现的是制造模式的变革。CPS 概念最早由美国国家基金委员会在 2006 提出，被认为有望成为继计算机、互联网之后世界信息技术的第三次浪潮，其核心是 3C

（Computing、Communication、Control）的融合。

CPS 是融合技术，包括计算、通信以及控制（传感器、执行器等）。中国科学院何积丰院士指出："CPS，从广义上理解，就是一个在环境感知的基础上，深度融合了计算、通信和控制能力的可控、可信、可扩展的网络化物理设备系统，它通过计算进程和物理进程相互影响的反馈循环实现深度融合和实时交互来增加或扩展新的功能，以安全、可靠、高效和实时的方式监测或者控制一个物理实体。CPS 的最终目标是实现信息世界和物理世界的完全融合，构建一个可控、可信、可扩展并且安全高效的 CPS 网络，并最终从根本上改变人类构建工程物理系统的方式。"

据资料显示，2005 年 5 月，美国国会要求美国科学院评估美国的技术竞争力，并提出维持和提高这种竞争力的建议。5 个月后，基于此项研究的报告《站在风暴之上》问世。在此基础上于 2006 年 2 月美国发布《美国竞争力计划》，将信息物理系统 CPS 列为重要的研究项目。到了 2007 年 7 月，美国总统科学技术顾问委员会（PCAST）在题为《挑战下的领先——竞争世界中的信息技术研发》的报告中列出了八大关键的信息技术，其中 CPS 位列首位，其余分别是软件、数据、数据存储与数据流、网络、高端计算、网络与信息安全、人机界面、网络信息技术与社会科学。

　　CPS 连接了信息世界与物理现实世界，使智能物体互相通信、相互作用，创造一个真正的网络世界。生产设备中的嵌入式系统与生产线上的物联网传感器是构成 CPS 的要素之一，这些技术被称为"物理技术"。但是，CPS 体现了相对当前嵌入式系统和物联网的进一步进化，与互联网或者网上可搜集的数据、服务结合在一起，实现更加广泛的基于创新型应用或过程的新物理空间，淡化物理世界与信息世界的界限。也就是

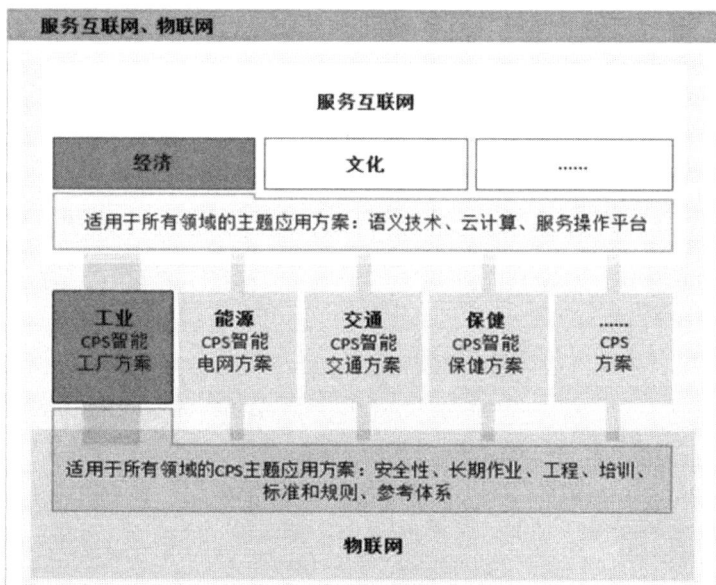

图4-4　CPS、物联网和服务互联网

说，CPS 通过提供构建物联网的基础部分，并且与"服务互联网"一体化，实现"工业 4.0"。它使得传统制造业中的物理技术就像互联网让个人相互通信、相互作用的关系发生变革一样，将给我们与物理现实世界之间的相互作用关系带来新的根本性变化（图 4-4）。

一旦基于高性能软件的嵌入式系统与融合在数字网络中的专业用户接口之间发生相互作用，必将诞生全新的系统功能性世界。举一个简单的例子，智能手机囊括许多应用和服务，已经远远超出设备本身的通话功能。由于全新的划时代应用和服务的提供商将不断涌现，渐渐形成新价值链，所以，CPS 也将给现有业务与市场模式带来范式上的转变。汽车工业、能源经济，还有包括诸如"工业 4.0"的生产技术的各个工业部门，将同步因这些新价值链而发生巨变。

从物理角度看，可以认为是技术改造。

从信息角度看，"互联网＋"将是旧产业商业模式改造的利器。"互联网＋"不是对传统商业的替代，也没有改变商业的本质，"互联网＋"强调的是融合和共赢，意义在于帮助传统产业提高效率，优化服务体验，让全社会的信息流动更快、信息更透明，社会资源的匹配和经营效率大幅提升。以"互联网＋"电子商务为例，电商平台通过缩短中间环节，将商品直接从品牌商送到消费者手中，减少了渠道成本、物流成本和物品搬运次数，提升了整个社会的交易效率，降低了社会损耗和交易成本，促进了传统零售业态的变迁与升级。

未来，互联网将渗透到社会经济的方方面面，落实好"互联网＋"方面的产业政策，将会实现互联网与旧产业的融合和转型，让旧产业重新面临重大发展机遇。推进"互联网＋"行动，广泛运用物联网、大数据、云计算等新一代信息技术，将促进不同领域融合发展，必然在改造提升旧产业的同时，引导旧产业在其基础上衍生出新产业、新业态、新模式。

第五篇

新的产业政策（下） >>

　　旧的和新的行业与产业之间的竞争是当前经济社会的重要问题之一。每一次全球性经济危机过后，往往都会催生重大的科技创新乃至科技革命，传统产业的发展面临瓶颈，需要新的突破，一些新兴产业则应运而生，随着互联网、物联网、云计算、大数据等新一代信息技术与各个产业的深度融合，发展范式和商业模式都将发生巨大转变，随之将迎来新的经济时代。2008年的金融危机，使世界各国的经济增长一度受到重创，为应对金融危机的不利影响，尽快走出危机的阴影，主要发达国家纷纷对一些"新产业"推出产业政策，加大对科技创新的投入、加快对新兴技术和产业发展的布局，力争通过发展新技术、培育新产业，创造新的经济增长点。

　　于是，"新经济"成为许多国家高度重视的发展方向。但是，传统的经济理论，不论是自由放任的社会达尔文主义，还是强调政府干预的凯恩斯主义，都不适合新的经济时代。因此，发展"新经济"，培育新产业，主要是指明确构成经济增长的驱动力，采取扶持措施，直到产业达到成熟。这样一来，必然需要"新产业的政策"。

第一章　新产业的政策需求

促进新业态、新产业发展的关键在于为其发展创造更加有利的外部环境。纵观世界各国政府支持经济活动，新经济形势下，政府功能表现为支持特定产业。政府不仅需要纠正市场各种缺陷和失灵，还要力图实现产业部门之间在发展中的均衡以及对产业发展的外部效应的控制。同时国家竞争优势理论要求政府在发挥国家竞争力优势时，应该把注意力集中在一些新的产业、新的经济上。

第一节　产业生命周期理论

国内外一些研究资料显示，产业政策的范畴包括从研发到催生产品诞生、企业在市场上竞争到最终退出市场整个生命周期。它有四个窗口，第一个是技术机会窗口，第二个是市场机会窗口，第三个是环境机会窗口，第四个是政策机会窗口。根据这四个窗口，形成三个失灵、一个市场拥挤效应。第一个是产业化机制失灵：有技术无市场，不能形成产业化；第二个是技术市场失灵：有市场无技术；第三个是环境供给失灵：环境问题形成的供给悲剧。一个市场拥挤效应，是指政府通过产业政策制定，形成一种信号鼓励，通过信号给企业一种明确的指向，可能导致企业一拥而起，导致产能过剩，形成市场拥挤效应。政府要针对这三个失灵和一个拥挤效应，来制定相应的产业政策，要抓住产业政策的着力点，发挥产业政策的有效性和针对性。

按照产业生命周期理论，产业发展一般要顺次经历以下四个阶段：萌芽期、成长期、成熟期和衰退期。在产业的形成阶段：企业数量少，集中程度高；技术不成熟，产品品种单一；质量较低，且不稳定；市场规模小，需求增长缓慢，需求的价格弹性也很小；产业利润微薄甚至会产业亏损；进入壁垒低，竞争程度弱，产品定价各自为政。当该产业的产出迅速增加，增速加快、市场占有率升速猛烈，收入显著增加，技术进步迅速并且日益成熟，该产业在整个产业结构中的作用和影响明显扩大，此时标志着该产业从新兴萌芽期进入了成长期。处于成长期的产业的显著特征是：该产业的增长速度大大超过整个产业的平均速度，市场需求不断扩大，技术变革很快，一些新竞争对手进入了该行业。该产业经过一段时间快速发展后，其产出量趋于平稳，增幅较大，增速减慢，市场需求几近饱和，此时表明产业已由成长期进入成熟期。因技术进步，新产业的产生不可避免，由于技术革新创造了替代产品或通过显著的成本与质量变化而产生了替代产品，或者由于社会或其他原因改变了顾客的需求和偏好，使得顾客对某种产品的需求下降。在市场集中度没有达到完全壁垒的情况下，接纳新产品也是必然的，随着新产品的成长，旧产业产品逐渐被替代，其市场占有率逐渐下降，产品进入生命周期的衰退期（表5-1）。

表 5-1　基于生命周期的产业发展阶段性特征

	萌芽期	成长期	成熟期	衰退期
特点	·企业数量少，集中程度高 ·技术不成熟 ·品种单一 ·质量较低，且不稳定 ·市场规模小，需求增长缓慢，需求价格弹性小 ·产业利润微薄甚至会产业亏损 ·进入壁垒低，竞争程度弱	·产业的增长速度大大超过了整个产业的平均速度 ·市场需求不断扩大 ·技术变革很快，一些新竞争对手进入了该行业	·产出量趋于平稳 ·增幅较大 ·增速减慢 ·市场需求几近饱和 ·行业盈利能力下降 ·新产品和产品的新用途开发更为困难 ·行业进入壁垒很高	·市场增长率下降 ·需求下降 ·产品品种及竞争者数目减少 ·利润率停滞或不断下降
成长率	低	高	低－零	负

　　新兴产业所处的阶段是产业萌芽期，也叫产业初创期。虽然新兴产业的市场前景十分广阔，但是初创阶段由于技术不成熟、市场规模没有完全启动、企业规模小等内在原因，使新兴产业发展面临很多不确定性和风险，对产业政策支持也有特殊的要求。首先是技术风险问题。新兴产业在技术上不太成熟，不仅需要投入巨大的技术开发资金，而且失败的风险也很大，企业可能不愿承担或者不愿意投入，这就要求政府部门提供技术开发方面的融资支持，帮助企业承担一部分技术风险。而且，新技术的发展方向也不确定，有可能朝着多个方向发展，没有统一的技术规范，需要政府进行一定的技术开发引导，尽早制定出技术标准。其次是市场风险问题。传统产业市场已经做到供求自动调节、市场趋于成熟，而新技术和新业务在推广初期，市场没有显性需求，生产出来的产品能否被市场接纳或完全销售出去存在问题，因此，新兴产业发展还面临着市场引导和培育的任务。再次是资金和成果转化问题。当科技创新出现时，大企业往往创新动力不足，而中小企业适应能力强，具有创新的激情和活力，创新和变革的速度快，因此新兴产业往往是创新活跃的中小企业比较集中。但是需要承认的是：中小企业底子薄、实力弱，而且新兴产业投资风险大，回收期长，通常缺乏合理的风险投资机制,大部分创新都会遇到资金不足的问题,甚至资金链断裂。

因此,新兴产业更需要"新产业"的政策支持。

第一,放管结合,创新新业态行业准入制度,顺应市场主体需求,营造公平竞争的市场环境和激励创新的制度环境,为创业创新清障搭台。

第二,推进科技创新,着力突破重大关键核心技术,推进创新成果转化应用。

第三,从金融、财税、科技、教育等多方面入手,为新业态发展营造良好环境。例如,产业配套环境。新兴产业在初创期产业链不成熟,配套环境不完善,设施尚不能同步。比如新能源汽车的推广面临电站等配套设施不健全的问题,汽车厂商不愿承担投资风险,需要政府引导、引入社会投资,完善产业发展的配套环境,为新兴产业发展提供配套支持。

第四,遵循产业集群形成、演进升级的内在规律, 综合考虑各地的区位优势、产业基础和资源禀赋, 积极推动以上下游企业分工协作、品牌企业为主导,专业市场为导向的新业态集群建设,提升新型业态的核心竞争力。

第二节 以新能源汽车产业为例

新能源汽车产业是一个战略性新兴产业，是新能源产业与汽车产业相结合产生的重要领域。日、美、德等国的发展经验表明，新能源汽车产业的发展既得益于市场机制的引导，也需要政府政策的大力扶持，后者对于产业的形成与壮大至关重要。本研究以电动汽车为例，研究主要国家政府支持新兴技术与产业的政策与效果。

全球汽车市场正朝向多样化发展。北美主要由大型车辆承担远距离运输任务。日本和欧洲小型车需求强劲，消费者越来越多地选择生态环境友好型车辆。而中国和印度等新兴汽车市场中，低价小型车仍是大多数消费者关注的焦点。同时，汽车产业的外部环境更多地受到激烈的市场竞争、不断飙升的原油价格等因素的制约。

20世纪90年代以来，日本、美国、德国先后出台了一系列法律、规划、政策文件，不仅加强了对电动汽车关键技术研发的支持，而且更为重要的是加强了对形成本国电动汽车产业的有效支持。尤其是2008年9月以来，面对金融危机、油价高涨和日益严峻的节能减排压力，大力发展新能源汽车成为世界汽车工业竞争的一个新焦点。为了在新一轮全球竞争中继续领先，日本、美国、德国出台了一系列全面促进新能源汽车产业发展的政策措施，并具体明确了发展目标，量化了各项指标。

（一）美国电动汽车发展的战略

美国政府在奥巴马上任之初就将新能源汽车定为战略发展方向，希望借此摆脱对油气进口的依赖，并定下了2015年普及100万辆纯电动汽车的目标。在财政紧缩压力下，奥巴马仍然从预算中挤出75亿美元用于扶持相关产业，其中有四分之一用于提供每辆车7500美元的政府补贴，其余部分则用在修建充电站、直接补贴车厂和电池厂商等方面。美国能源部还为该产业提供了数十亿美元担保贷款，解决企业创业初期的融资瓶颈。在众多扶持政策中，购车补贴最为实用。依靠补贴和灵活的金融方案，消费者能以零首付、月供约500美元的成本获得一辆特斯拉电动车。再加上特斯拉还提供整车回购业务，消费者的购车顾虑大为减轻。担保贷款的效果则次之。特斯拉创业初期也是靠近5亿美元担保贷款解了燃眉之急，并借此成功上市。同样接受担保贷款的纯电动车厂商Coda却于近日申请破产，破产前仍未还清余款。被外界认为最有效的直接补贴却效用最低，接受大笔补贴的电池厂商A123早早便被破产并购，成为美国扶持新兴产业发展的一大败笔。在这场淘汰赛中，特斯拉走在了前面，这也鼓励了更多"特斯拉"企业加入其中。美国政府也在特斯拉成功后果断修改了电动车普及化的目标，开始强调制造高端电动车。

美国发展新能源汽车的目标、路线和措施如下所述。

1. 电动汽车战略目标

首先是减少能源在交通领域的消耗，提高美国的能源安全；其次，通过新能源项目的研发，带动相关产业的发展，实现美国汽车产业的升级，带动美国经济的发展；再次，减少温室气体排放，为美国的发展赢得一个较好的环境，进一步取得在国际上特别是环境保护方面的话语权。

2. 电动汽车发展路线

通过联邦政府的能源部和州政府等部门实施许多示范工程和项目，促进和带动相关产业的发展，宣传、推广美国的电动汽车理念，提高国民的环保意识。通过一系列能源教育计划、能源立法和电动汽车税收减免补贴等优惠政策，最终实现电动汽车的普及，提高美国的能源安全。

3. 电动汽车发展举措

为了实现确立的电动汽车战略，美国从立法、财政税收和人才培养等方面进行落实。美国最早的能源法律是 1920 年颁布的《联邦动力法》。这部法律经 1935 年和 1986 年两度修订，成为美国建立完整规制架构的法律依据。此后，美国通过了《电动汽车和复合汽车的研究开发和样车试验法》《能源政策法》等，通过立法，强制在全社会实现发展战略。目前，由于电动汽车相关部件的性能没有达到消费者预期，导致其价格比燃油汽车高。要刺激消费者购买电动汽车，实施财政刺激和补贴等优惠措施是一个必然的过程。通过对电动汽车进行各种方式补贴和税收减免，向市场表明政府的态度，有利于转变人们的观念。其次，通过对电动汽车生产链进行全方位的补贴，有助于提高电动汽车的性价比，有助于市场的推广，最终实现对整个产业的结构调整和升级。

"重新占领能源科学和工程前沿"计划是奥巴马 2010 年 4 月 29 日在对美国国家科学院的演讲中提出的。在当天的演讲中，他宣布了推动能源科技发展的三大举措，分别是：

第一，用 4 亿美元成立先进能源研究署，通过拨款支持重大能源技术发展，进一步保障美国经济能源安全，减少石油进口和温室气体排放，确保美国在发展和部署先进能源科技方面的领先地位；

第二，投资 7.77 亿美元支持 46 个能源前沿研究中心，聚集全美顶尖科学家和工程师解决当前实现清洁能源和能源安全所面临的难题，这些中心涉及来自大学、国家实验室、公司和非营利机构的近 1800 名研究人员和学生；

第三，支持下一代清洁能源创新人才培养，由能源部和国家科学基金会（NSF）共同发起"重新占领能源科学和工程前沿"计划，培养学生投入于清洁能源相关领域。

奥巴马称，新教育计划将"激发成千上万的学生从事清洁能源事业"。两周后，在提交给国会的 2010 年预算报告中，他提出了首付金额为 1.15 亿美元的能源部预算。

总之，美国能源人才的培养，形成了覆盖全国、覆盖所有年龄段、包含不同课程的能源体系，为不同需求的人提供了不同种类的教育活动。特别是奥巴马已将能源人才的培养提高到国家战略的高度，此举具有深远的意义。

（二）日本电动汽车发展的战略

日本的市场经济模式是一种以自由市场制度作为基础、充分发挥政府作用的"行政导向型"市场模式。这一模式主要是通过政府主导，多方面支持和调节经济，起着替代市场、替代企业家的特殊作用，以防止市场竞争的盲目性和破坏性。日本实行的是政府主导型支持模式，在机构上表现为政监合一。20 世纪 80 年代是日本的"战略性加强"的规制改革阶段。"加强"是因为政府并没有退出支持，而是通过加强关键控制机制来重新组织支持手段，重新安排特殊的支持政策组合，政府仍然保持集中型的规制权威。

日本非常重视新能源汽车的开发。2006 年 5 月 29 日制定了"新国家能源战略"，提出到 2030 年将目前近 50% 的石油依赖度进一步降低到 40%。日本混合动力车已形成产业化，目前，丰田、本田、日产等日本厂商的混合动力汽车不仅在国内热销，在国际市场上也令其他国家厂商难望其项背。日本非常重视燃料电池和生物燃料等技术开发，计划在 5 年内斥资 2090 亿日元开发以天然气为原料的液体合成燃料技术、车用电池以及氢燃料电池技术；2007 年着手生物燃料的普及，拟在 2011 年度生产生物燃料 5 万千升。2008 年 12 月，日本政府表示，将联合美国乐土（Better Place）公司，以及斯巴鲁、三菱等日本汽车厂商，共同参与由日本环境省实施的电动车试验项目——"新一代汽车导入促进业务"，这一项目的主要目的是测试电动车及其电池更换站的可行性。

日本为攻克电池方面的关键性技术，已建立了开发高性能电动汽车动力蓄电池的最大新能源汽车产业联盟，共同实施2009年度"革新型蓄电池尖端科学基础研究专项"新项目。该联盟包括丰田、日产等汽车企业，三洋电机等电机、电池生产企业以及京都大学、东京工业大学、东北大学及产业技术综合研究所等著名学府及研究机构，共22家成员单位。该联盟单位每家出50名以上专业人员从事合作研究，开发企业需要的共性基础技术。日本政府计划7年内对此项目投入210亿日元，通过开发高性能电动汽车动力蓄电池，在2020年前，将日本电动车一次充电的续驶里程增加3倍以上。

在全球汽车市场发展趋势和外部环境制约的背景之下，日本政府意识到社会大众对全球环境和资源问题日益关心，汽车制造业应更加重视节能减碳、燃料多样化等新的市场需求。从2009年底开始，由经济产业省协同日本各大汽车企业、学术团体共同召开"新一代汽车战略研究会"。2010年4月12日正式公布了《日本新一代汽车战略2010》。

日本政府认为，"新一代汽车战略"应该是一个为应对气候问题、实现日本25%减排目标、促进电动汽车以及汽车电池发展等的综合战略。所以，该战略共分为"整体战略""电池战略""资源战略""基础设施建设战略""系统战略"和

"国际标准化战略"六个部分（图5-1）。

图5-1　新一代汽车战略整体图

可以看出，日本产业政策不再参与任何核心部分内容了，技术扶持、人才培养也交给了民间。产业政策的内容更多的是考虑商品的安全基准，怎样更好地服务消费者等，基本上都是些辅助性的。

（三）德国电动汽车发展战略

1.德国电动汽车发展目标

（1）为实现能源和气候目标做贡献

德国政府认为发展电动汽车的主要目标之一是为实现气候保护做出重要贡献。以可再生能源满足电动汽车的能源需求，将有助于实现可再生能源的发展目标，改善可再生能源发电在电网中的整合情况，利于长期的能源供应安全保障。同时，利用现代信息通信技术，促进电动汽车与网络的融合，提高德国电网的效率。此外，可再生能源有望满足电动汽车对电能的额外需求。通过负荷管理，电动汽车将优先使用那些由不稳定可再生能源生产的但在其他情况下不能利用的电能。电动汽车额外的电能需求，有助于进一步开发可再生能源的发展潜力。

（2）成为全球电动汽车的领先市场

通过制定《国家电动汽车发展计划》，德国希望巩固传统汽车产业和汽车零部件产业的全球领先地位，充分利用公共领域以创新为导向的采购管理、提高德国电池系统的生产能力、发展循环经济，从而为德国工业的战略性行动提供保障。同时，在电动汽车的背景下培育新型商业模式，为产业发展和新产品、新服务的推出创造机会。此外，还将努力制定标准与规范（如插头、连接线或安全措施），促进电动汽车的国际化，夯实德国汽车工业的市场地位。

（3）不断通过创新提升竞争力

在电动汽车新型价值链上，汽车、能源和信息技术产业的结合将会进一步推动创新。为了实现这一目标，德国希望促

进产业界和科学界研究领域的紧密结合，促进产业界和科学界
研究人员之间的交流，加强各个领域的研究，进一步改善研究
基础设施并使之形成网络。同时，立足长远，为确保电动汽车
领域的竞争能力和创新活力，着手启动技术、科学后备力量的
培训计划。

（4）营建新型交通系统

德国希望通过电动汽车继续发展"脱石油"战略。通过
电动汽车，实现交通文化和城市空间规划方面的突破。特别
在城市交通方面，加快电动汽车市场引导的步伐。为此，在
德国制定的《国家电动汽车发展计划》中制定了远大的目标，
即到 2020 年，德国计划有 100 万辆电动汽车上路；到 2030 年，
可能超过 500 万辆；到 2050 年，城市交通基本可以摆脱化石
燃料。目标还包括按照汽车充电需求建设基础设施。为此，
德国政府将通过适当的框架条件对各项目标进行政策与财政
上的扶持。

2.德国电动汽车发展路线图

坚持技术领先是德国汽车工业发展战略的核心。在世界
范围内的汽车技术方面，德国长期处于领先地位。按照传统
战略学的研究成果，在市场竞争中，企业如果能够在市场上

达到和保持技术领先，就意味着找到了保持竞争力的重要途径。德国的《国家电动汽车发展计划》正是这一战略的典型代表，主要强调坚持技术领先，侧重于电池技术与新能源电网接入技术、稀有金属的回收利用技术以及推进电动汽车技术的标准化。

与此同时，德国的《国家电动汽车发展计划》中还重点涉及了电动汽车的普及政策。据德国汽车工业联合会的数据显示，2007年德国国内汽车产量近620万辆，其中75%出口国外。德国政府正是希望通过大力发展电动汽车产业，进一步获取更大的电动汽车全球市场份额。

表5-2（以市场准备阶段为起始阶段）为德国通往电动汽车领先市场的重要步骤。

该计划将未来10年德国通往电动汽车引导市场之路分为三个阶段，即市场准备阶段（2009－2011年）、市场发展阶段（2011－2016年）和市场成熟阶段（2017－2020年）。而加强研发工作，确保德国持续拥有技术优势是其形成全球引导市场的重要先决条件。该计划为德国电动汽车技术研发确定了三大重点领域：一是电池与蓄电装置，二是电动车辆技术，三是基础设施技术与系统网络集成，其中电池与蓄电装置是关键。该计划将电动汽车与可

表 5-2　德国电动汽车发展路线

	准备阶段（2009-2011年）	发展阶段（2011-2016年）	普及成熟（2017-2020年）
电池	·开始一期锂离子电池生产 ·开发二期锂离子电池	·一期锂离子电池实现量产 ·开始二期锂离子电池生产	·二期锂离子电池实现量产 ·降低成本、提升效率与能源密度等新技术的基础开发
车辆	·pHEV/EV项目的生产 ·行驶技术	·所有汽车厂商开始小规模生产 ·开发二期pHEV/EV ·降低成本	·二期pHEV/EV实现量产 ·生产高级pHEV/EV
基础设施	·电网接入测试 ·开始建设充电基础设施 ·可再生能源的试用与演示	·所有类型电网的接入以及在多个地区建设充电基础设施 ·可再生能源供给网络	·安装综合性全国充电设备 ·能源回收与所有类型电网的接入 ·快速充电、非接触式充电
政策框架	·制定安全标准 ·制定标准/设定参数	·市场激励 ·购买引导	
市场发展	·行驶试验	·开始向个人用户销售 ·充电、能源回收 ·研究电池投资效果	·2020年100万辆 ·形成电动汽车的领先市场

再生能源结合起来，指出不但要通过使用可再生能源使电动汽车成为真正意义上的二氧化碳和污染物零排放，还要使电动汽车的电池参与电网的负荷管理，从而使电动汽车在保证电网的稳定方面发挥积极作用。此外，该计划还提出要为电动汽车发展创造良好的框架条件，鼓励电动汽车领域的标准制定和标准化活动；重

视对汽车行业从业人员进行及时的培训和继续教育，以保持并创造工作机会，降低产业结构转型带来的社会成本。德国联邦政府采取的行动和措施建立在已经开始的计划和行动之上，支持的重点包括研发、框架条件和市场三个方面。

（四）美日欧电动汽车产业的发展政策比较

1.产业战略定位比较

总体而言，各国行动计划的共同特点是政府直接介入，组织能源、交通、制造等多部门联合推动，研发投入、产业布局、政策优惠多管齐下，促进电动汽车、动力电池与燃料电池、智能电网等产业的交叉融合与综合发展，打造新兴战略产业链。

在宏观层面上，各国政府均立足长远，将发展电动汽车列入国家战略，将其视为本国汽车工业能否在未来保持领先地位的关键。

但是，在具体的战略规划与技术发展路线图上，各国战略的侧重点各不相同。

（1）日本战略突出全方位，期望有效应对气候问题

为推进电动汽车以及环保汽车，日本从 2009 年 4 月 1 日起实施"绿色税制"，它的适用对象包括纯电动汽车、混合动力车、清洁柴油车、天然气车以及获得认定的低排放且燃油消

耗量低的车辆。前三类车被日本政府定义为"新一代汽车"，购买这类车可享受免除多种税赋优惠。

在全球汽车市场发展趋势和外部环境制约的背景之下，日本政府意识到社会大众对全球环境和资源问题日益关心，汽车制造业应更加重视节能减碳、燃料多样化等新的市场需求。为此，在 2010 年出台的《新一代汽车战略 2010》战略中设定了到 2020 年在日本销售的新车中，电动汽车和混合动力汽车等"新一代汽车"总销量比例达到 50％等目标，以期能在全球汽车市场的激烈竞争中运用日本的先进技术优势，达到带动国内经济发展、创造就业环境的效果。

（2）美国出手大规模财政扶持，意在培育新型战略展业

美国的电动汽车战略明确显示，到 2015 年美国要有 100 万辆充电式混合动力车上路。为此，美国政府推出了一系列的财政补贴政策。为鼓励消费，购买充电式混合动力车的车主，可以享受 7500 美元的税收抵扣，同时政府还投入 4 亿美元支持充电站等基础设施建设。

驱动混合动力车行驶的电池组技术是需要突破的关键。为此，美国能源部设立二十多亿美元的政府资助项目，用以扶持新一代电动汽车所需的电池组及其部件的研发，目标是为充电式混合动力车提供高性能的锂电池组。

由此可见，大规模推出财政补贴，发展电动汽车产业已成为美国汽车业界的新共识。

（3）德国技术领先战略突出，意在获取电动汽车的全球市场

坚持技术领先是德国汽车工业发展战略的核心。在世界范围内的汽车技术方面，德国长期处于领先地位。按照传统战略学的研究成果，在市场竞争中，企业如果能够在市场上达到和保持技术领先，就意味着找到了保持竞争力的重要途径。德国的《国家电动汽车发展计划》正是这一战略的典型代表，主要强调坚持技术领先，侧重于电池技术与新能源电网接入技术、稀有金属的回收利用技术以及推进电动汽车技术的标准化。

与此同时，德国的《国家电动汽车发展计划》中还重点涉及了电动汽车的普及政策。据德国汽车工业联合会的数据显示，2007年德国国内汽车产量近620万辆，其中75%出口国外。德国政府正是希望通过大力发展电动汽车产业，进一步获取更大的电动汽车全球市场份额（表5-3）。

表 5-3　日美德等国电动汽车战略比较

	日本	美国	德国
产业发展	企业主导	政府主导	政府主导
普及政策	政策主要涵盖电池开发、充电系统与基础设施的建设、建设示范运营区等方面 同时，发展电动汽车有效应对气候问题	为汽车厂商提供低息贷款，大力开展智能电网、电池开发、充电基础设施、资源回收利用、电动汽车的示范运营等。 同时，培育新型战略性产业	主要侧重于电池开发、电动汽车的普及政策、完善能源网络管理、推进电动汽车的标准化、促进稀有金属的回收利用 同时，获取电动汽车的全球市场
价值链	垂直整合	水平分工	水平分工
开发方针	集成化	模块化	集成化
标准化	事实标准	标准化	标准化
发展目标	扩大蓄电池产业	带动就业、创业	带动就业
重点步骤	HEV ⇒ EV/pHEV	pHEV/EV	EV/pHEV(HEV)
能源目标	灵活运用夜间低峰电力	推进智能电网与核电的建设	加大可再生能源的推广普及

2.扶持政策分类

在全球范围内，由于传统能源短缺，促使各国倍加重视本国能源安全而加速发展替代能源。新能源和可再生能源的开发和利用正在成为国际能源领域的新热点，世界各国对新能源和可再生能源开发利用的政策较为系统和成熟。

产业政策是一个国家或地方政府根据国民经济发展的总体要求以及不同产业部门的发展情况而制定的针对某一个产业的微观经济政策，是一个国家和地区的行政管理部门调节资源、实施可持续发展的重要手段。目前，全球各国都在出台相关政策及促进措施，积极推动新能源汽车技术和产业的发展。

首先是宏观战略层面。主要由国家政府层面出台相关的计划、方针及相应法规，政策内容广泛涵盖新能源领域，从国家的能源结构、能源战略角度制定规划、提出发展重点，新能源汽车产业更多只是作为整个政策方针中的某一方面出现。典型的有美国的"替代能源和节能政策"、日本的"新国家能源战略"、欧盟的"新欧洲能源政策"、英国的"新能源白皮书"等。

其次是针对新能源汽车产业制定的专门性法规、研发扶持政策和示范运营项目。包括美国的自由汽车计划、日本的新一代汽车及燃料倡议、欧盟的关于发展新能源汽车的立法建议案等综合性新能源汽车产业促进政策和法规；美国的节能型混合动力车和先进技术柴油车资助项目、燃料电池公交车示范运行，日本的促进燃料电池巴士实用化项目、压缩天然气汽车普及促进样板事业，欧盟的燃料电池巴士示范计划、发展氢燃料汽车立法等针对具体研发领域制定的相关政策和法规。

第三是财政政策。主要包括针对企业及研发机构的经济扶持政策、税收优惠政策，例如日本的超高性能蓄电池开发相关投入、法国的企业税收减免及补贴，和针对新能源汽车消费者的购买价格补贴、税收优惠，例如美国的国内收入局调整混合动力车税收优惠政策、日本的燃料电池汽车消费者计划及相关补贴、德国的对加装柴油微粒子除去装置的柴油车实施车税优惠措施等。这里也包括一些综合性政策或法规中的税收优惠和资金直接支持，例如《美国能源促进和投资法案2007》依据汽车采用的技术形式、汽车重量级别／车载级别、燃料经济标准量的不同对混合动力汽车和燃料电池汽车进行税收减免。

第四是为限制燃油汽车、减少排放而出台的强制性技术法规和标准，如美国的公司平均燃料经济性法规、欧盟的 Euro 4 和 Euro 5 排放标准等。

第五是交通管理政策，包括针对新能源汽车消费者的优先行驶及便利措施、促进新能源汽车应用的交通管理政策。例如，美国某些州允许符合条件的汽车可使用高载客率专用车道（HOV）和在指定的停车厂免费停放，日本对高油耗、污染大的汽车采用交通限制等惩罚性措施，英国对符合条件的汽车免除交通拥挤收费区入区费等。

（五）启示

后金融危机时期，美国、德国、日本等发达国家都在发展战略性新兴产业。从他们对电动汽车方面新的政策和举措可以看出，各国的着力点和方式各有不同。其中，德国战略性新兴产业的特点是以基础创新为出发点，以产业政策支撑、生态环境为重点，促进欧盟新兴产业的发展；美国政府主要依靠市场力量实现资源的有效配置，选择新能源为发力点，重视人才的培养，政府更多的是对研究开发活动和技术创新企业提供贷款担保，而很少提供直接资助。在同一领域扶持尽可能多的厂商，这样可确保这些企业尝试尽可能多的可能性，加快该领域创新速度。通过政策等方面的支持，突破资金瓶颈，积极营造有利于战略性新兴产业发展的环境；日本积极调整本国的战略性新兴产业的发展领域，以示范运营为主导整体推进，直接支持企业的研发活动，实行直接的经济补贴，代替市场规划产业和技术的发展方向、速度和规模。

可以说，在各国的新产业实践中，政府行为一直都是嵌入到产业发展过程中，并且政府在支持新兴产业过程中发挥的作用也体现为多个方面的：发挥政府职能来弥补市场失灵、引导产业发展、激励产业创新。

第三节　支持机制与体系

积极发挥政府导向作用，推动新产业的成长壮大。依据美国、欧盟等国家和地区的实践经验，政府的作用主要体现在四方面：一是适时介入市场，提供一定财政支持和补贴；二是大力投资能源和通信基础设施；三是政府实施大量采购，最大限度地降低生产成本；四是全力整合相关平台，将科技与商业模式合理融入发展战略。相关政府部门可以借鉴这些经验，制定产业政策及规划，明确重点发展的目标：如加大科技研发经费投入，重点支持有发展前景的初创期科技型中小型和微型企业，为其发展提供一定的资金支持；大力推进政府采购，从而扩大战略性新产业的市场需求，引导形成持续而稳定的市场预期，并优先采购自主研发、拥有自主知识产权的产品和技术，提高大量中小企业在政府采购中的比例；重点加强基础设施建设，为新产业发展提供良好的硬件环境和支撑体系；充分发挥孵化器作用，为企业提供各类公共资源与配套服务资源，积极推动企业发展和转型升级。

浙江财经大学牛少凤教授、浙江省委政策研究室于新东处长曾经在《政府干预战略性新兴产业的发展机制研究》一文中概括了产业政策支持新产业发展的五个机制。

（一）五个机制

世界著名制度经济学家和演化经济学家杰弗里·M. 霍奇逊（Geoffrey .M.Hodgson）认为，一个纯粹的市场体系是行不通的。"一个市场系统必定渗透着国家的规章条例和支持"，"支持"本质上一定是制度性的，市场通过一张"制度网"发挥作用。这些制度不可避免地与国家和政府纠缠在一起。政府支持新兴产业活动，主要包括支持新兴产业间的活动、新兴产业内的活动。政府支持产业间的活动主要是指政府制定和执行产业结构创新和升级政策，引导资源在产业间有目标地流动，加快产业结构调整和转换。政府支持产业内部的活动体现为政府制定和执行产业组织政策，规定企业发展规模与竞争、技术进步等政策和准则。发达国家的经验无不证明了政府支持对新兴产业发展的积极作用。在国际市场经济背景下，政府支持新兴产业发展的根本目的就是弥补市场资源配置的缺陷性，保护和扶持本国的新兴产业的快速发展。根据目前的研究成果，政府支持新产业的机制主要有引导机制、激励机制、配置机制、支撑机制、规范机制、保护机制。

引导机制：发展新兴产业需要政府进行前期的培育引导。政府通过引导机制，设立专项资金，并与各类风险投资配套，发挥政府投入对社会资本的示范效应，引导各企业团体进入新兴产业这一行业。政府在新兴产业发展中的导向作用主要体现在科技管理的高层化并制定全国的新兴产业发展计划。在科技管理高层化方面发达国家早就有所尝试。近年来由于科技决策事关国家发展的全局，而原有的科技管理部门职能有限，许多国家建立了由最高领导亲自挂帅的科技领导体制，加强对科技发展的协调。发达国家政府已经把对高科技研究的管理列入政府管理的范围之内，这将使高技术研究得到最直接、最权威的领导。由政府制定新兴产业发展的产业政策及规划，明确我国对于新兴产业发展的宏观环境、政策，新兴产业的发展细则，重点发展的目标，鼓励发展项目的范围、内容，政府支持、鼓励新兴产业的政策、措施等，以及一些相关法规、规章。

激励机制：新兴产业发展的实质是新兴技术、战略技术的产业化、商业化。新兴产业的内在动力在于知识创新与技术创新，外部动力很大程度上依赖于政府的激励扶持政策。从我国实际看，新兴产业发展的"瓶颈"在于高新技术的研究、开发和成果转化。政府应制定相应的政策实施产业激励政策与目标，引导技术研发，建立有利于技术成果转让和扩散的激励机制和市场机制；对技术转让活动提供资助，促进科技成果的商品化和产业化。根据日本的经验教训，建议在新兴产业发展中，政府应当定位于提供激励创新的制度安排，在政府推动的产品开发项目或科技攻关计划过程中，不仅要关注新技术的突破，更应考虑新技术的市场需求，鼓励和引导企业走国际道路，推动我国新兴产业的国际化发展。

配置机制：政府根据国民经济的整体需求对社会资源在全国范围内进行调节和配置，对重要的科学技术领域给予更多的关注，以非获利者的身份参与到技术产业化过程中，给市场的个体利益最大化的调节机制注入全局性、系统性的考虑，在新兴技术、战略技术产业化过程中弥补市场机制的失效，从而优化资源的配置。生产方面的资源主要指与生产有关的劳动力、设备、原材料和资金等，而研究开发的资源虽然也称为广义的生产劳动，但这种知识性的生产资源主要是智力、研究经费、信息资源和研究成果等。而且不同的配置，会导致不同的生产或研究方法，使用不同的生产或研究设备，更需要不同的科技投入，产生不同的后果。新兴产业相关企业发展的资源配置，主要来源于科技发展水平、产业经济规模、环境和人口等问题的拓展。对于富裕的国家，其科研经费投入较多，主要采用技术创新战略，如美国、英国等。而日本、中国台湾等则充分利用技术引进，大力推进技术市场化进程，有力地促进新兴产业的发展。技术发展战略由于资源配置的影响，会对不同科技领域有所选择。而发展中国家，应从战略角度考虑、协调科技资源的配置，把有限的资源集中于培育创新主体的能力，以及针对相关产业基础研究、关键技术研究和共性研究等上面。

支撑机制：政府可以通过规范市场和强化宏观引导以营造良好的产业发展环境，包括两方面的工作内容，一是基础设施支撑机制，二是战略资源支撑机制。基础设施支撑是指，政府积极主动为新兴产业发展创造良好的外部环境，完善通信、能源、电力、水、交通等公共设施建设，利用政府网站开展面向新兴产业技术企业的信息服务。完善并积极鼓励设立人才、技术以及其他生产要素市场，包括建立网上产权交易平台，以促进人才技术、设备以及其他生产要素向新兴产业流动。战略服务机制是指人才、技术储备、培育机制。建设与新兴产业发展相适应的领军人才队伍，对能够领军新兴产业发展的人才，通过给予高薪、允许技术入股等方法引进，创造优秀人才脱颖而出的环境；重视技术专家和科学家，制定吸引国内外科技专家、企业家参与科研、生产和创业的优惠政策，形成开放、流动、人尽其才的用人机制，为优秀人才的脱颖而出创造机会和环境。充分利用好现有人才资源，促进各方面的人才向国家新兴产业集中，建立新兴产业发展人才库。此外针对基础研究、关键技术研究和共性研究等，需要由政府投入的资金来组织有关机构进行攻关。由于新兴产业在我国兴起的时间较短，国内还没有形成一个全面的认识，也需要政府组织有关机构进行软科学研究，对新兴产业的概念、内涵、原则、产业布局、关键技术、制度设计、综合评价等进行深入的探讨，并及时将相关研究成果公之于众，提供相应信息技术支撑，帮助企业进行决策。

规范机制：政府支持是有效地防止"潮涌现象"的手段。通过政府设立严格的市场准入条件，约束企业，促进企业理性选择进入新兴产业，有效防止新兴产业领域里出现新一轮产能过剩，从而促进产业整体水平的提升。例如，关于新能源汽车，国内已有 40 多家整车公司宣布已成功研制纯电动轿车，数量远超过日本和美国，但其商业化之路还很长。因此，政府需要强化定性指标和定量指标的双重约束作用，发挥"看得见的手"的调控作用。

保护机制：新兴产业中的保护机制有两点：一是通过贸易政策来扶持本国的新兴产业的发展；二是建立相应知识产权保护政策，鼓励知识创新和技术创新。把知识产权的保护作为基本国策，简化知识产权纠纷案件处理程序，为知识产权所有人维护权益提供便利，在法律法规上加大对侵犯知识产权行为的惩罚力度，保护企业、个人的创新成果和经济利益，明确专利转化为生产力的利益分配，明确专利发明人的报酬和技术入股的规则。以日本的电子计算机为例，其走的是一条技术引进、模仿、吸收、创新最终国产化的发展道路。创业初期，日本企业既无资金又无技术，日本政府因此制定了一系列的外贸法规来保护、扶植薄弱的电子计算机产业，如限制进口的保护关税制度、非关税保护制度、技术引进审查制度、外汇管理制度等，通过设置关税壁垒、实行进口配额制等来阻止电子计算机整机进口对日本薄弱的电子计算机产业的冲击。

（二）七个体系

工业和信息化部赛迪研究院也曾经有过深入研究，并总结了战略性新兴产业发展趋势及产业政策支持体系。工业和信息化部赛迪研究院的研究指出,政府对新产业的政策支持体系，应该是在正确的战略规划引导和部署下，加大对前沿性、关键性、基础性和共性基础研究的支持力度，把政府创新政策的着力点聚焦到研发的前端和推广应用、市场培育、企业扶持和配套服务体系上，充分利用好国家的财政税收金融、政府采购的政策，强化对产业发展的引导，进一步创新体制机制，创造良好的新兴产业发展环境。为实现以上目标，新兴产业的政策支持体系应该包括以下七个方面。

1.政策规划体系

第一，加强新兴产业的统筹规划和战略布局。在国家层面统一规划，准确把握国外新兴产业发展趋势，结合我国的比较优势，制定新兴产业各领域发展专项规划，明确各重点领域"十二五"时期发展的总体目标、发展思路和重点以及政策措施。加强地区协调和总体布局，避免产业雷同和区域产业重构。

第二，健全和完善支持新兴产业发展的综合性政策。调研和了解新兴产业各重点领域的发展现状、存在的问题以及政策需求，为新兴产业发展排除体制障碍，加强制度和政策创新，通过体制、政策和市场的综合设计，建立适应新兴产业良性发展的运行机制，用新的制度、新的政策支持新兴产业的发展。从技术研发、市场培育、投融资环境、配套服务等方面梳理，改革不利于新产业发展的管理体制，健全和完善各领域发展的综合性政策措施，加快垄断行业的改革，打破垄断、促进竞争。

第三，建立健全新产业发展的标准体系，具体包括产品标准体系、技术标准体系、服务标准体系、管理标准体系等。鼓励企业、专业研究机构、高等院校等在新兴产业相关标准制定、修改等方面开展广泛而深入的合作。完善相关配套机制，保证标准的实施和落实。

2. 研发支持体系

第一，支持重大共性产业技术和基础产业技术的研发。依托国家科技经费重点支持具有基础性、战略性、前瞻性和重大关键共性产业技术的研究与开发。一方面，要整合各部门现有的资源，加大财政资金对新兴产业自主研发创新的支持力度，抓住有利时机，前瞻性地开展研究，率先取得技术上的突破；另一方面，通过建设公共技术服务平台，对开放式、专业化共性技术研发予以资金补助。同时，出台优惠政策对企业自主创新给予奖励。

第二，加大新兴产业的研发经费投入。加大现有财政资金对新兴产业发展的支持力度，对新的业务应用和新兴产业发展给予特殊倾斜，重点用于支持新兴产业核心技术研发、产业化发展和示范应用推广。

3. 市场培育体系

第一，引导相关消费行为向新产业领域倾斜，刺激消费需求。通过宣传新产业所属企业产品的先进性、优越性，引导公众消费意识，使消费者形成支持新产业所属企业产品的自觉性。例如，实施太阳能发电电价长期补助政策；在现有私人购买新能源汽车补贴试点的基础上，进一步扩大补贴范围等。

第二，完善新产业发展的政府采购政策。发挥政府采购在支持产业发展中的引导示范作用，对云计算、物联网、人工智能、大数据、新能源、新材料、节能环保和低碳产品等重点发展的新技术和新产品，政府给予优先采购，帮助新产业拓宽市场需求，引导社会消费方向，促进新产业发展。

4. 财税支持体系

运用财政贴息、担保等手段扶持产业发展。新产业在发展过程中面临着项目风险大、投资少等瓶颈和阻碍，要充分发挥财政贴息、担保等政策手段的功能，对真正具有良好前景但也具有较高风险的各类新产业项目和研发活动，以政府的财政信用为后盾，为企业或有价值的项目提供担保；对新产业示范类项目给予贴息和建成后的奖励，保证新技术或项目的开发者筹集到足够的资金开展技术研发和项目运作。

5.金融保障体系

第一，灵活运用产业投资基金。由政府出资，联合政策性银行、金融机构，分领域设立新产业投资基金，投资于各重点项目，采取市场化运作的方式，帮助其实现关键技术的突破和产品产业化，带动整个产业的发展。

第二，引导金融机构创新金融服务。建立适应新产业特点的信贷体系和保险、担保联动机制，促进知识产权质押贷款等金融创新。发展科技型中小企业信用担保体系，建立科技性中小企业金融服务机构。

第三，加强国际资本运作。深化与发达国家、发展中国家之间在新产业重点领域的合资合作。通过向世界银行、世界货币基金组织、发达国家贷款、融资，以及积极吸引跨国资本投资等支持新产业发展。

6.配套服务体系

第一，营造招商引资环境。一方面，规划和建设一批新产业园区，促进世界知名大企业集团的研发机构和生产基地进驻，促进一批新产业群形成，实现新产业在地理、资金、科技资源、人力资本等方面的有效集聚，带动区域经济持续快速健康发展。另一方面，完善新产业发展的配套服务环境，以完善配套服务、促进新兴领域集群化发展为目标，做好园区建设、重大项目招商引资、中介服务和知识产品等外围服务体系建设，构建共同平台，推动科技创新。

第二，加强行业组织和行业管理。发挥好行业组织在市场调查、信息交流、咨询评估、行业自律、知识产权保护、市场推广、政策研究等方面的作用，与行业企业形成合力，共同促进产业的规范、健康发展。

7. 人才培养体系

第一，加强培养。根据市场需求为相关领域人才的培养专门制定职业发展规划，并依托高等院校、科研院所建立一批人才培养基地，进一步扩大新产业相关人才的培养规模。

第二，加大激励。将人才引进、培养与创新创业有机结合起来，鼓励国内外相关领域的研究人员以技术出资、技术顾问等形式参与企业设立与经营。通过资金、税收等方面的扶持，鼓励技术和专利入股或期权等政策，充分调动科技人才创新创业的积极性。

第二章　如何让新产业健康发展？

以新一代信息技术为特征的产业变革，已经呈现出强大的影响力和生命力，互联网技术对生产、流通、消费等形成高度渗透、跨界融合，新业态、新模式不断涌现，给以往的产业生态、社会分工、行业和企业边界、生产组织方式等诸多方面带来前所未有的新变化。此时，对政府而言，就不能用以往的规律和经验套用在新经济领域，而要勇于改革创新，变革政府对产业发展的支持方式和管理方式，才能在新一轮国际竞争中占有一席之地，甚至在部分领域占据领先地位。

第一节　深处着力

新产业有着与旧产业不同的发展阶段和发展特征，其发展过程中涉及诸多因素，是一个综合复杂的体系，对新产业的发展应当有一个整体系统的考虑，一方面要遵循市场经济规律，发挥市场机制和政府政策的组合功效，针对不同产业的不同特征设置不同的着力点，形成支持新产业的制度框架。另一方面还要发挥产业政策对市场机制的补充作用，通过政府部门产业政策的实施引导和整合资源，调动市场力量，产生"四两拨千斤"的带动效果。

以电子商务产业为例。我国电子商务产业发展仅仅十多年，但是涌现了阿里巴巴、京东商城、国美在线、苏宁易购、敦煌网、兰亭集势等多个"巨头"。其中，京东商城在国内的市场份额远超亚马逊，阿里巴巴上市后市值远超 eBay，甚至超过 Facebook，成为美国市场第七大市值的上市公司。这些电子商务企业的发展，带动了生产、物流、仓储等一系列产业的变革。因此，政府应在如何建立健全市场机制，如何保护市场的充分竞争，如何规范市场并营造公平的市场竞争环境上进一步着力。

2015 年 5 月 4 日，国务院印发《关于大力发展电子商务加快培育经济新动力的意见》，部署进一步促进电子商务创新发展。电子商务在"互联网＋"变革传统产业中担当起了先锋角色，电子商务也将对实体经济起到融合牵引的重要作用。

"互联网＋"引起的新技术革命才刚刚开始。"互联网＋"传统产业实际上是通过电子商务实现线上线下融合发展，从而使传统产业提质增效、转型升级。

如同李克强总理 2015 年 4 月 1 日在国务院常务会上所说："别以为电子商务只是'虚拟经济'，事实上，它在很大程度上直接带动了'实体经济'，无论是 B2B、B2C 还是 C2C。更重要的是，电子商务大大降低了流通成本，这对激发中国经济的活力功不可没。"5 月 4 日，国务院印发《关于大力发展电子商务加快培育经济新动力的意见》，部署进一步促进电子商务创新发展。可以说，《关于大力发展电子商务加快培育经济新动力的意见》是在深处着力，让电子商务在"互联网＋"升级传统产业中担当起先锋角色，电子商务也将对实体经济起到融合牵引的重要作用。

【两大目标】

《关于大力发展电子商务加快培育经济新动力的意见》第三条明确了大力发展电子商务，培育经济新动力的主要目标（图 5-2）。

——到 2020 年，统一开放、竞争有序、诚信守法、安全可靠的电子商务大市场基本建成。

到2020年，统一开放、竞争有序、诚信守法、安全可靠的电子商务大市场基本建成。

电子商务与其他产业深度融合，成为促进创业、稳定就业、改善民生服务的重要平台，对工业化、信息化、城镇化、农业现代化同步发展起到关键性作用。

图 5-2 电子商务政策中的两大目标

——电子商务与其他产业深度融合，成为促进创业、稳定就业、改善民生服务的重要平台，对工业化、信息化、城镇化、农业现代化同步发展起到关键性作用。

【六大转型】

——创新服务民生方式。积极拓展信息消费新渠道，创新移动电子商务应用，支持面向城乡居民社区提供日常消费、家政服务、远程缴费、健康医疗等商业和综合服务的电子商务平台发展。加快推动传统媒体与新兴媒体深度融合，提升文化企业网络服务能力，支持文化产品电子商务平台发展，规范网络文化市场。支持教育、会展、咨询、广告、餐饮、娱乐等服务企业深化电子商务应用。鼓励支持旅游景点、酒店等开展线上营销，规范发展在线旅游预订市场，推动旅游在线服务模式创新。加快建立全国互联网平台，完善网上交易在线投诉及售后维权机制，研究制定 7 天无理由退货实施细则，促进网络购物消费健康快速发展。

　　——推动传统商贸流通企业发展电子商务。鼓励有条件的大型零售企业开办网上商城，积极利用移动互联网、地理位置服务、大数据等信息技术提升流通效率和服务质量。支持中小零售企业与电子商务平台优势互补，加强服务资源整合，促进线上交易与线下交易融合互动。推动各类专业市场建设网上市场，通过线上线下融合，加速向网络化市场转型，研究完善能源、化工、钢铁、林业等行业电子商务平台规范发展的相关措施。制定完善互联网食品药品经营监督管理办法，规范食品、保健食品、药品、化妆品、医疗器械网络经营行为，加强互联网食品药品市场监测监管体系建设，推动医药电子商务发展。

　　——积极发展农村电子商务。加强互联网与农业农村融合发展，引入产业链、价值链、供应链等现代管理理念和方式，研究制定促进农村电子商务发展的意见，出台支持政策措施。加强鲜活农产品标准体系、动植物检疫体系、安全追溯体系、质量保障与安全监管体系建设,大力发展农产品冷链基础设施。开展电子商务进农村综合示范,推动信息进村入户,利用"万村千乡"市场网络改善农村地区电子商务服务环境。建设地理标志产品技术标准体系和产品质量保证体系,支持利用电子商务平台宣传和销售地理标志产品,鼓励电子商务平台服务"一村一品",促进品牌农产品"走出去"。鼓励农业生产资料企业发展电子商务。支持林业电子商务发展,逐步建立林产品交易诚信体系、林产品和林权交易服务体系。

——创新工业生产组织方式。支持生产制造企业深化物联网、云计算、大数据、三维(3D)设计及打印等信息技术在生产制造各环节的应用,建立与客户电子商务系统对接的网络制造管理系统,提高加工订单的响应速度及柔性制造能力;面向网络消费者个性化需求,建立网络化经营管理模式,发展"以销定产"及"个性化定制"生产方式。鼓励电子商务企业大力开展品牌经营,优化配置研发、设计、生产、物流等优势资源,满足网络消费者需求。鼓励创意服务,探索建立生产性创新服务平台,面向初创企业及创意群体提供设计、测试、生产、融资、运营等创新创业服务。

——推广金融服务新工具。建设完善移动金融安全可信公共服务平台，制定相关应用服务的政策措施，推动金融机构、电信运营商、银行卡清算机构、支付机构、电子商务企业等加强合作，实现移动金融在电子商务领域的规模化应用；推广应用具有硬件数字证书、采用国家密码行政主管部门规定算法的移动智能终端，保障移动电子商务交易的安全性和真实性；制定在线支付标准规范和制度，提升电子商务在线支付的安全性，满足电子商务交易及公共服务领域金融服务需求；鼓励商业银行与电子商务企业开展多元化金融服务合作，提升电子商务服务质量和效率。

——规范网络化金融服务新产品。鼓励证券、保险、公募基金等企业和机构依法进行网络化创新，完善互联网保险产品审核和信息披露制度，探索建立适应互联网证券、保险、公募基金产品销售等互联网金融活动的新型监管方式。规范保险业电子商务平台建设，研究制定电子商务涉及的信用保证保险的相关扶持政策，鼓励发展小微企业信贷信用保险、个人消费履约保证保险等新业务，扩大信用保险保单融资范围。完善在线旅游服务企业投保办法。

中国电子商务发展至今，已经形成了三大优势：完善的电子商务平台、庞大的现代物流体系、安全的第三方支付。这三大优势为"互联网+"传统产业提供了新的保障条件，也为"大众创业、万众创新"提供了基础工具。电子商务与传统产业的优势互补与资源整合，也将助推传统产业借助互联网实现华丽的转型和升级（图5-3）。

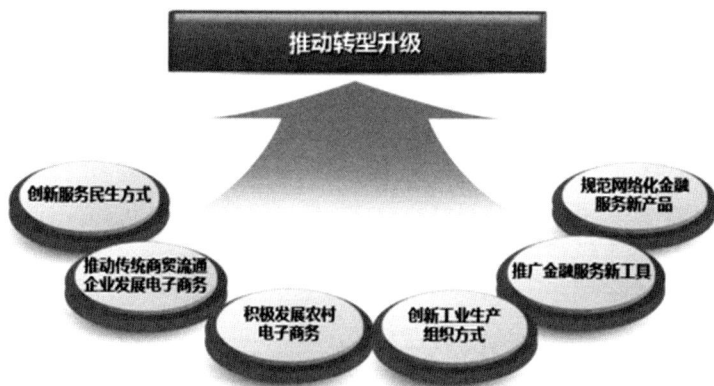

图 5-3 电子商务政策中的六大转型

第二节　激发活力

制定新产业的政策，应该以有效发挥政府在新产业发展中的积极作用为前提，以实现新产业跨越式发展、抢占经济科技竞争制高点为战略重点，以激发活力推动产业结构调整为主线，通过集中整合资源、推动体制机制创新，促进对新产业的技术开发、产业化、集聚化，为新产业发展创造条件和提供有力的支撑。

一方面，政策制定要具有前瞻性，符合新产业发展方向。发展新兴产业必须把握社会需求和世界科技发展的动向，在科学预测未来产业发展趋势的前提下，深入研究在新的市场环境和消费需求条件下，根据相对优势选准未来对社会经济发展有巨大拉动作用的战略产业为主攻方向，着眼于未来创新能力的提高和新的经济增长点的打造。另一方面，要不断完善新产业的政策，坚持动态性原则，边实施、边调整、边完善。这就要注重政策的时效性，紧密跟踪国内外新兴产业发展的趋势，保持其动态适应性，根据产业发展情况，所制定的政策经过一段时间的实施后，应当对实施效果进行检查评估，不断改进，及时调整相关政策。

以互联网金融政策为例。互联网金融是传统金融机构与互联网企业利用互联网技术和信息通信技术实现资金融通、支付、投资和信息中介服务的新型金融业务模式，作为金融业与互联网产业、现代信息技术产业相互融合的产物，是当前极具创新活力和增长潜力的新兴业态，其主要业态包括互联网支付、网络借贷、股权众筹融资、互联网基金销售、互联网保险、互联网信托和互联网消费金融等。互联网金融的发展对促进金融包容具有重要意义，为"大众创业、万众创新"打开服务大门，在满足小微企业、中低收入阶层投融资需求，提升金融服务质量和效率，引导民间金融走向规范化，以及扩大金融业对内对外开放等方面可以发挥独特功能和作用。

作为新生事物，互联网金融既需要市场驱动，鼓励创新，也需要政策助力，促进健康发展。因此，近几年来，欧美很多国家在政府的介入之下，通过产业政策的有效引导，使得市场新参与者不断增多，互联网金融有关的新服务、新技术不断涌现，金融机构也开始纷纷采用新服务、新技术，形成了有效的融合发展，激发了活力，创造了广阔的发展空间。同时还出现了金融机构与互联网金融创业企业之间的多例并购重组。相对

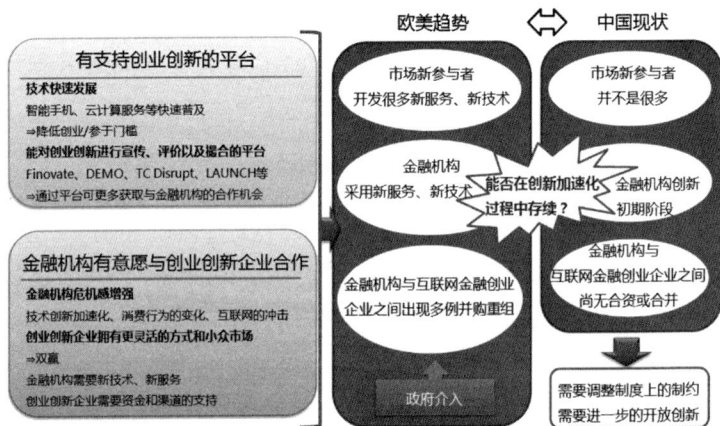

图 5-4 互联网金融发展趋势的对比

而言，我国在互联网金融领域的市场新参与者并不是很多，金融机构创新尚处于初期阶段，金融机构与互联网金融创业企业之间尚无合资或合并案例（图5-4）。能否在创新加速化过程中存续，需要调整制度上的制约，需要进一步开放创新，更需要产业政策的引导。

2015年7月18日，《关于促进互联网金融健康发展的指导意见》正式对外发布，标志着六大措施鼓励创新，互联网金融获得政策助力。

促进互联网金融的创新和发展、激发产业活力、营造良好的政策环境、规范从业机构的经营活动、维护市场秩序，就应拿出必要的政策措施，引导互联网金融这一新业态健康有序发展。《关于促进互联网金融健康发展的指导意见》在促进创新、支持互联网金融稳步发展方面的政策主要有六个方面。

一是积极鼓励互联网金融平台、产品和服务创新，激发市场活力。支持有条件的金融机构建设创新型互联网平台开展网络银行、网络证券、网络保险、网络基金销售和网络消费金融等业务；支持互联网企业依法合规设立互联网支付机构、网络借贷平台、股权众筹融资平台、网络金融产品销售平台；鼓励电子商务企业在符合金融法律法规规定的条件下自建和完善线上金融服务体系，有效拓展电商供应链业务；鼓励从业机构积极开展产品、服务、技术和管理创新，提升从业机构核心竞争力。

二是鼓励从业机构相互合作，实现优势互补。支持金融机构、小微金融服务机构与互联网企业开展业务合作，创新商业模式，建立良好的互联网金融生态环境和产业链。

三是拓宽从业机构融资渠道，改善融资环境。支持社会资本发起设立互联网金融产业投资基金；鼓励符合条件的优质从业机构在主板、创业板等境内资本市场上市融资；鼓励银行业金融机构按照支持小微企业发展的各项金融政策，对处于初创期的从业机构予以支持。

四是相关政府部门要坚持简政放权，提供优质服务，营造有利于互联网金融发展的良好制度环境。鼓励省级人民政府加大对互联网金融的政策支持。

五是落实和完善有关财税政策。对于业务规模较小、处于初创期的从业机构，符合我国现行对中小企业特别是小微企业税收政策条件的，可按规定享受税收优惠政策；结合金融业营业税改征增值税改革，统筹完善互联网金融税收政策；落实从业机构新技术、新产品研发费用税前加计扣除政策。

六是推动信用基础设施建设，培育互联网金融配套服务体系。鼓励从业机构依法建立信用信息共享平台；鼓励符合条件的从业机构依法申请征信业务许可，促进市场化征信服务，增强信息透明度；鼓励会计、审计、法律、咨询等中介机构为互联网企业提供相关专业服务。

可以说，《关于促进互联网金融健康发展的指导意见》对规范互联网金融市场秩序提出了要求，进行了有效监管，更主要的是激发了活力，有望实现更多创新，带动经济更多增长。

第三节　精准发力

改革开放以来，我国产业结构呈现出由劳动密集型，到资本密集型，再到技术密集型演进的特点。不同类型的产业，发展规律不尽相同，为此，需要把握好要素供给与产业升级的对应关系。当前，我国很多产业政策将产业技术政策作为核心内容，在高端共性技术供给和人力资本等方面着力提升要素供给质量，在创新技术产品应用、知识产权保护、研究开发资助、加速设备折旧等方面采取综合措施，形成了促进创新的有效激励体制，做到了精准发力。

以地理信息产业为例。空间地理位置是众多属性数据信息的载体，是信息消费的可视化手段。2014 年对于地理信息产业来说是一个全新的开局。一方面，1 月 22 日，国务院办公厅以"国办发〔2014〕2 号"印发《关于促进地理信息产业发展的意见》，明确把地理信息产业列入国家战略性新兴产业。从政府层面来讲，对空间地理位置的信息消费需求非常多，如城市功能规划、交通管理、大气污染评价管理、智慧城市建设的城市数字管理平台应用等等。推进地理信息资源开发利用，加快地理信息公共服务平台建设，有望引领新一轮信息消费，形成经济社会发展的一股强劲动力。另一方面，BAT（百度、阿里巴巴、腾讯）三大互联网巨头在位置服务领域的加大布局，让老百姓对地理信息的认识更为深刻。

其实，地理信息系统应用遍及各行各业。地理信息系统听起来似乎过于专业，实际上与老百姓生活息息相关。目前，地理信息系统应用已深入到能源资源管理、土地管理、市政市容管理、交通管理、水利水质管理、气象数据、大气污染、自然灾害管理等领域。

作者本人是 2009 年进入工业和信息化部直属单位工作的，此前的 10 年为日本开发过数十项地理信息系统，包括生活环境评价（工程施工噪声、城市大气污染、汽车尾气污染、汽车噪声污染）、土地地籍管理系统、生态环境信息管理系统、流域解析系统、气象数据管理系统、交通事故统计分析、下水道动态水位计算系统、地质灾害管理系统等。尽管作者本人早已告别计算机软件开发工作，但介绍一下日本的案例或许对我国的地理信息系统应用会有所启示。

◆ **生活环境评价系统**

2008 年 PM2.5 才被众所周知，而发达国家在运用信息化

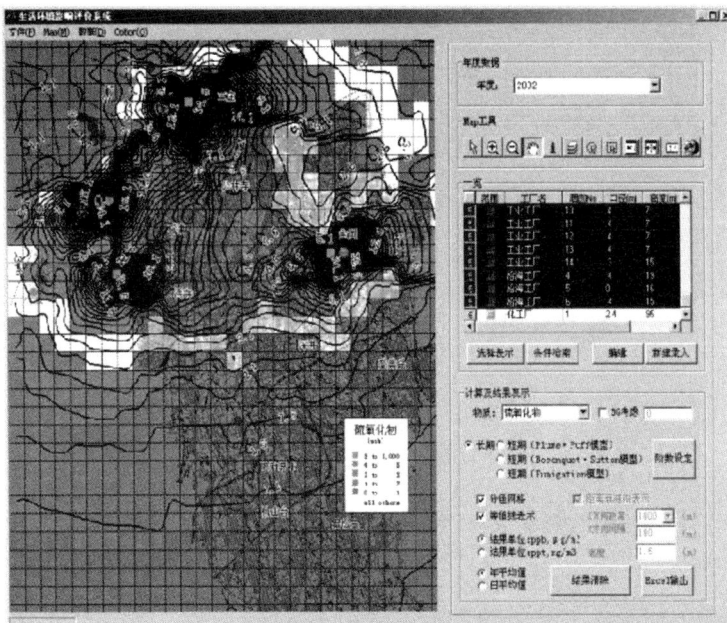

图 5-5　生活环境评价系统

手段监测管理环境污染方面早有先例。这套系统是我 2002 年为日本开发的，对工程施工噪声、城市大气污染、汽车尾气污染、汽车噪声污染数据进行信息化管理，并利用科学模型进行运算，从而对环境质量进行评价。这套地理信息系统的创新点是将政府的环境管理法律法规、科学计算模型和计算机地理信息技术进行了跨界融合。基于科学计算模型，利用地理信息技术，比照相关法律规定，评价城市大气污染的固定发生源、移动发生源与工程施工噪声、汽车噪声等污染情况（图 5-5）。

◆ **交通事故统计分析系统**

日本是一个非常重视交通事故的民族。他们会对每起交通事故的数据进行统计、分析，从而找出交通事故原因、提出交通设施改进对策。这套系统能够按照不同的类型统计事故的发生率，按照一系列指标要求输出报表，同时比照查看事故现场的道路周边设施分布情况，为城建部门在道路施工改造过程中提供决策依据。

◆ **下水道动态水位计算系统**

这套系统能够对城市的下水道数据进行管理。输入相应雨水参数，模拟动态水位信息、判断是否溢出。2012 年 7 月 21 日的特大暴雨才彻底暴露出北京市城市给排水系统的脆弱。

而这套系统是我在 2006 年时为日本开发的。该系统能够有效地监测城市内所有井盖的数据，同时可根据输入的预测降雨量，计算排水、溢水情况，发挥了以信息化手段保障城市基础设施的重要作用。

◆ **地质灾害管理系统**

日本是一个地质灾害多发国家。这套系统主要包括山体滑坡管理、泥石流易发地点管理等功能。通过空间地理信息和属性数据库对山体滑坡、泥石流等多发区域进行管理。

促进地理信息产业发展最需要的就是精准发力，进一步优化产业环境。地理信息产业是"数据＋技术＋服务"三位一体的产业，涉及空间地图数据（点、线、面、文字）和基础属性数据等地理信息获取、处理、分析，需要用到地图引擎技术来展现和渲染，需要平台应用和运营服务，形成了一个完整的地理信息产业生态系统，这也使得产业发展的空间更大。

日本在地理信息系统方面的应用就很成功、成熟，日本国土交通省网站上提供各种地图空间数据以及 100 米航拍照片的免费下载，让企业或个人能够基于地图开发多种多样的应用，有效促进了地理信息系统在各行业的广泛应用，带动了产业与社会的发展。而我国的基础地图空间数据往往需要软件开发企业或用户来购买使用，在某种程度上加大了"应用"的成本。

图 5-6　地理信息产业政策上的精准发力

　　都说"以应用促发展"，那么就要为应用提供环境与条件。目前国内信息资源不够开放，信息共享成为行业深度应用的一个制约因素。《关于促进地理信息产业发展的意见》中发展保障体系的最后两点做到了精准发力，只有政府部门官方公开所拥有的地图空间数据、测绘数据、各种城市建设基础数据，供企业与个人免费下载使用，才能促进在此基础上的二次开发，以便产生更多的应用（图 5-6）。

后 记：新产业政策：为新工业革命保驾护航

第一次工业革命，蒸汽机的发明实现了机械化。第二次工业革命是电气的发明，实现了电气化。20 世纪 70 年代开始，随着信息技术的发展，包括计算机服务系统、ERP 等软件系统在制造业领域的应用，带来了制造业的数字化和自动化。可以说，前三次工业革命让制造业的生产模式不断地进化。而"工业 4.0"则是在第三次工业革命的基础上，对制造业的模式造成了转变——传统的商业模式将发生巨大转变，必然也会出现新的商业模式。传统制造业或许还会存留在市场中，但是为了应对新的竞争对手，它们的经营管理者一定会在工业革命期间改变它们的组织结构、管理流程和业务功能。智能手机、可穿戴设备之所以能够成功，不仅仅因为它们是新事物，更重要的是紧随其后的消费文化转变和社会转型。

"工业 4.0"代表新一轮工业革命的背后是智能制造，是向效率更高、更精细化的未来制造发展。信息技术使得制造业从数字化走向了网络化、智能化的同时，传统工业领域的界限也越来越模糊，工业和非工业也将渐渐地难以区分。制造环节关注的重点不再是制造的过程本身，而将是用户个性化需求、产品设计方法、资源整合渠道以及网络协同生产。所以，一些信息技术企业、电信运营商、互联网公司将与传统制造企业紧密衔接，而且很有可能它们将成为传统制造业企业乃至工业行业的领导者。在成熟的社会中，根据多样化的需求，全社会可以实现大规模定制。

与此同时，过去的制造业只是一个环节，但随着互联网进一步向制造业环节渗透，网络协同制造已经开始出现，未来制造业将通过基于价值链、工程链的企业间广泛合作，实现联结人力物力、信息数据、资金、能源的物联网世界。制造业的模式将随之发生巨大变化，它会打破传统工业生产的生命周期，从原材料的采购开始，到产品的设计、研发、生产制造、市场营销、售后服务等各个环节，构成了闭环，彻底改变制造业以往仅是一个环节的生产模式。在网络协同制造的闭环中，用户、设计师、供应商、分销商等角色都会发生改变。与之相伴，传统价值链也将不可避免地出现破碎与重构，城市与郊区、大企业与中小企业之间的不平衡将被打破。大企业转向价值链、工程链的上游；中小企业则转向灵活多变、可应对多样化需求的下游。

当前，在国际制造业竞争加剧、传统比较优势不复存在、新一轮工业革命正在酝酿的复杂背景下，我国社会经济面临着严峻的挑战和重大的机遇。在如何应对方面，就需要提升政府机构的制度创新和管理变革能力，及时推出"新产业政策"，发挥引导的作用。一方面，通过对传统产业制定"新的产业政策"，来加以引导转型（例如：通过鼓励按需定制化，化解产能过剩）；另一方面，通过对新经济推出"新产业的政策"来使其繁荣有序发展（例如：网约车新政）。

"工业4.0"时代，有价值信息的挖掘能力、传递能力、对知识生产性的重视将成为企业竞争力要素，平台型企业、网络化组织将更加普遍。生产者与消费者的互动将更加紧密，中小企业的作用将更加突出，对市场需求的快速反应将更加重要……这些变化都要求适时、适度的制度创新和管理变革能力，对我国相对薄弱的制度创新和管理变革能力构成现实性的挑战。所以，"新产业政策"应为"新工业革命"进行"新研判"。一方面，如何在新工业革命中及时推出"新的产业政策"，带动传统制造业的智能转型，推动国民经济经济提质增效将成为一个重要的命题。另一方面，随着"工业4.0""智能制造""信息物理系统""共享经济"等新模式的出现，一些新的行业、新的商业将会涌现。坚持创新驱动，更加需要加强预判性、前瞻性研究，及时出台"新产业的政策"，促进经济体系实现开放式创新、大规模定制和社会化生产。

2017 年是实施"十三五"规划的重要一年，是供给侧结构性改革的深化之年，而正在发生的新工业革命将彻底改变现有的生产方式和产业组织形式，改变国家间的比较优势，进而重塑全球产业竞争力和国际产业分工格局。而面对即将到来的挑战与机遇，中国经济在新的一年里如何演绎——当前应该做的就是及时推出"新产业政策"！

参考文献

韩小明：产业政策的实施机制，《教学与研究》杂志

肖林：产业政策，不能只争"要不要""对不对"，《解放日报》

陈清泰：中国二十年产业政策的得与失，《中国智库》杂志

冯飞：以精准的产业政策推进供给侧结构性改革，《求是》杂志

日本野村综合研究所：从产业政策角度看工业4.0构想，日本野村综合研究所网站

日本三菱综合研究所：2040年的制造业未来洞察，日本三菱综合研究所网站

广州大学广州发展研究院课题组：新工业革命对广州市实体经济的影响及对策研究，《广州蓝皮书（2014）》

闻华：从循证医学到循证管理，《新远见》杂志

周志忍：循证决策：国际实践、理论渊源与学术定位，《中国行政管理》杂志

董飞：大数据背景下政府决策的机遇、挑战和建议，《无水行政学院学报》

王建会、张爱清、李宁：平板显示产业周边发达地区政策分析，上海科技情报所网站

德国工业4.0平台：保障德国制造业的未来——关于实施工业4.0战略的建议，德国工业4.0平台网站

叶德磊：不要轻易嫌弃"旧产业"，《解放日报》